神の秘密

仏陀とニーチェの超人の未来

藤田真嘉
Fujita Masahiro

たま出版

はじめに

宇宙には謎が多いのに、人間は自分たちが発見した理論だけで張りぼてのロケットに人をのせて宇宙旅行を実行するのだからこれはすごいことではないか。命をかけて宇宙に飛び出したのだ。しかしそれは逆に、人間が探り当てた宇宙に共通する法則を人類は信じたことになる。

宇宙は計算可能で信頼に値する一つの共通する法則で成り立っているという。では、この地球上で生きていくための唯一の法則とはなんだろうか。車いすの天才・ホーキング博士は、著書『ホーキング、宇宙を語る――ビッグバンからブラックホールまで――』の中で、「今日まで、科学者はずっと、宇宙がなんであるかを説明する新しい理論の展開に心を奪われていて、なぜと問うことができないでいる。一方、なぜと問うことを商売にしている人たち、つまり哲学者は科学理論の進歩についていけないでいる」と語っている。

学問や科学は専門化し、細分化し過ぎて複雑な数式を含め一般人には理解が難しくなり、世界の全体像をおおざっぱにでも大局的に見て考えを統合する人がいなくなった。哲学者でなくとも、世間にはその役目を担える人が必要だ。それは逆に、頭の柔らかい柔軟な考えの持ち主であればそんなに難しいことではないはず。その人は、従来の概念に縛られない、自由で限りない道化（阿呆）であって欲しい。

哲学は本来「知を愛する」という意味だという。知は愛のためにあり、愛は平和のためにある。愛があれば世界や歴史の全体像、つまり真実の姿「真理」が誰にでも理解できるはず。世界の平和と愛のもと、共に人が生きやすくするためにはどうしたらいいのか。人類の叡智である歴史上の成果をまとめあげ、平和に対する具体的な実践方法を検証できる状況になることを願う。

宇宙の法則を発見した科学者たちが人類を月へ旅立たせたように、私たち人類は、現代人が見失ってしまった宇宙の唯一の法則をこの地上で再発見し、そして信頼し、尊重したうえで、人類の平和に向けてまた新たな旅立ちをはじめるべきなのだ。その方法は、知識ではなく知恵でありたい。

ひらめきとは、まったく関係のないものごとが一つにつながったとき、電流が流れるように理解することだという。ある予想もしなかった情報が、個人的体験と結びつきひらめきという一つの悟りをつくり出す。それはただの知識以上に、人間の進化を何倍にも引き上げる働きを持つはず。その能力を、私たち人類は誰もがあらかじめ持っているのだ。

近年過去を清算し未来を予測する類いの本がいくつか出版されているようだが、ここでは一東洋人の目線、いや、西洋とは真逆の第三者の立場で世界の状況や精神の世界、果ては宇宙に関することまで思索を広げ、世界の姿を考えてみたいと思う。

本書は専門知識を記したものではないので難しい内容は出てこない。そしてこの本の内容は決して宗教ではないし、スピリチュアルであるかもしれないが、人間の生き方としての哲学者や聖人たちの智慧について語ったものであり、特に宇宙の法則、つまりこの世の中の真理について探ったものである。

真理とは、気づきを与え一人ひとりを平和にし、また世の中を平和にすることだと考える。

本当に世の中を、世界を平和にするにはどうしたらいいのか、この世に生きる人はまずなに気がつかなければならないのか。わかりやすく著わしたつもりなので、柔軟な考えのできる多くの新しい人に読んでもらえることを願う。

そして皆で考え、行動に移し、良い未来をつくっていきたい。

神の秘密◉目次

1．歴史：奴隷を求めて

はじまり

「神は死んだ……」

十九世紀ドイツの哲学者フリードリヒ・ヴィルヘルム・ニーチェはかく語った。

山にこもっていた主人公のツァラトゥストラが、人々に悟りを広めるために独り山をくだる。その途中、不意に森に暮らす陽気な超俗の老人と出会ってしばらく語り合う。

老人はかつて人間たちを愛していたが、今は神を愛していると言い、ツァラトゥストラに向かって、人間たちのところへ行くな、森にとどまって私のようになれ、人間にはその価値がないのだと言う。

しかし独り(ひと)になったとき、ツァラトゥストラはこう自分の心に向かって言った。「いったいこ

れはありうべきことだろうか。この老いた超俗の人が森にいて、まだあのことをなにも聞いていないとは。神は死んだ、ということを」

――『世界の名著46　ニーチェ　ツァラトゥストラ』（ニーチェ著）

ツァラトゥストラが嘆いたその老人でさえ、森にいて神が死んだということをなにも知らないでうたい、泣き、笑い、うめいて自分だけの神をたたえている。

我々現代人こそ、神が死んだことをまだ聞いていない、なにも知らないその人なのだ。


アダムとイブは禁断の木の実を食べ、神の失望をかい、楽園を追放された。

禁断の木の実を食べたのはアダムとイブではなく、実は我々現代人なのではないだろうか。

それは過去や神話の中の話ではない。今現在、起こって、続いていることなのだ。

人間が禁断の木の実を食べたということは、創造主である神を疑ったということ。すべての生き物の母体であるこの世の偉大な法則を人間自らが覆せるのだとうぬぼれたこと。その木の実が知恵の木の実だと勘違いしていたのは人間だけだった。その知恵で神を超えられるのだと。

しかし、我々は神の法則の世界から自ら追放され、孤独となった。……人間だけが。

木の実の味を知った現代人は、果実の甘い汁に夢中になり、うたい、奏し、歓喜している。

現在我々は、神の楽園「エデンの園」に住んでいると言えるのだろうか？　創造主の宇宙とうまく共存していると言えるだろうか？　どこかいびつで、頭だけで考えた観念的で歯車の噛み合わない世界をつくり出してはいないだろうか？

世間の人は、「これでいいんだ。ちょっと修正すればいいだけだ、すぐにうまくいく」と高をくくっている。しかし神は「ノー」と言うだろう。「君たちは勘違いをしている」と。

（ニーチェは）トリノの広場で死んだようになっているところを人に発見され、二日二晩ソファーの上で昏睡（こんすい）をつづけ、目覚めたときは、もはやかれではなかった。むやみに歌い、むやみに奏した。街をさまよいながら、通行人に近づいて、「わたしは神だ、こんなふうに変装しているのだ」と言ったりした。

——『世界の名著46　ニーチェ　ニーチェの人と思想』（手塚富雄著）

本当の神が人間界で死んでしまったことを知って嘆いたのは、他でもないニーチェだった。しかしニーチェ自身は、病の床に横たわりながら、最後の瞬間には光を見た。幼子のように創造的に生き、自分の思うまま獅子のように人生を生き切ったことに満足して。

神は死んだ……。この末世で生命の輝きを忘れた人間「末人」たちが、近代的で薄っぺらい快楽のみを求めるのを見て。

末世（いま）はまさに今、私たちの生きる時代であり、「末人」は私たち自身なのだ。

進化論がつくり出した誤解

ニーチェの時代、ダーウィンの『進化論』が出たことによって人間の祖先はサルなのだと勘違いし、多くの人は失望した。

人間はサルから進化したのだと思い込んだ人々は、「神」と自分自身との結びつきの中で大切ななにかを失ってしまった。皮肉なことにこのとき、木の実を食べて神の知恵を得たと思っていた人間が、結局サルとたいして変わらなかったという事実を知ったのだ。

しかし本当に重要なことは、人間が実際にこの世界でどんな精神を持ち、どんな行いをしているかであり、我々こそ本当にサルに退化してしまってはいけないということなのだ。

生まれを問うことなかれ、行いを問え。

——『ブッダのことば　スッタニパータ』（中村元訳）

すっかりサルから進化したのだと思い込んだ人間たちは、考えてみると自分たちはサルの時代から比べれば大きく進化しているのだと思い込み、人類の進歩は偉大だと思いあがった。

皮肉なことにそれは、人類の短くちっぽけな歴史を概念の中で飛躍的に進歩させた。

人の祖先はサルである……。人はその恐ろしい現実から逃れるように科学や理論で武装をして、サル自身から、そしてサルの所属する自然からも無理やり距離を置き、退行の象徴だとして自然を憎みまでした。

そして結局人間の魂は、神とその地上のエデンの園である自然からも孤立して、とうとう本当に孤独になってしまった。

森にこもって神が死んだのを気づかない老いた仙人のように、我々がたしかに気づいたときにはキリストや仏陀はもうこの地上にはいなくなっていて、彼らの智恵を新たに聞くこともできない。そして人々の間違った行いを正し、新しい概念に導く者は誰もいなくなった。

迷いと混乱の末に、人間は科学者や学者、そして経済的に優れた結果を残した人々の声だけを聞くようになった。まるで人生をリードしてくれる神の代わりでもあるかのように。

しかし当然、人間は神の代わりにはならない。

そうやって現代人は仏陀やキリストの教えや真理さえ、すでにその歴史の彼方に忘れ去った。そればかりか、科学の時代にはもうそれらは不要なものなのだと思い上がってしまっている。

人は楽園を追放され、自分自身の真実にも気づくことなく迷える仔羊、あるいはニーチェの言う牧人のいない畜群の群れとなって右往左往し、うごめいている。

つまり、世界は本当に「神は死んだ」状態となった。

人間は近代化によって実った欲望というニセの木の実に心を奪われた隙に真理を見失い、大いなるものとのつながりを失ってしまったのだ。

科学的進化とは

人間は実際にはそれほど進化していない。人の心の問題は太古の昔から大して変わっていないのだ。

ヒトはサルから大きく進化して、ついにはサルを自然というやつのもとに置き去りにしたのだと人は科学の進歩を豪語するが、実際進歩したと言えるのは物理的な生活の快適さだけ。世界は人類にとってまだまだ未知の部分が大きい。

今までの科学の成果は、どちらかというと厳しい自然環境や限られた生という制約の中で、なんとか人間が快適に暮らしていけるようにするためにあったようなもの。おかげで生きやすくなったこの世界に多くの新しい生命が誕生し、魂は多くの人生を経験できた。しかし同時に、この世で生き残るための知恵を独自に身につけたのだと奢り高ぶったせいで、逆に人災とも言える数々の不幸が我々を次々に襲ってきている。

科学を繁栄させるための経済が過剰な利潤追求を生み出し、人は仕事や人間関係、社会的抑圧などに多大なストレスを受けながら、成果を上げること、お金を稼ぐことに血眼(ちまなこ)になっている。便利で人との摩擦を極力持たなくて済むツールだと思われたネットの社会でさえストレスが蔓延し、隠された人間の欲望が人前にさらけだされてお互いの人間性を破壊している。

人間は向上しようという欲求のもとに生きている。歴史上今にいたるまでその欲求が物質的なものに偏っていた。

人間は物質に固執し、自分たちの内面の世界を見つめることは変わっているとか、おかしなこと、お金にならないこと、くだらないことと言って斜に構え、心の乾いた人々がそれらをまるで過去の迷信の残りカスでもあるかのように蔑(さげす)んできた。

たしかに怪しい、精神的なことを際限なくお金に変えようとする危険な思想も多々あることは事実だ。迷信とは役に立たないものである以上に、人に強迫観念を植えつけたり、だましたり、惑わしたりすることであり、権力や恐怖で支配しようとするものが真の迷信だと言えるだろう。そして、いまだにこの時代にも、日常的にごく当たり前に人々は迷信を信じている。

学問や科学にしても本心ではほとんどの人が実生活では役に立たないものと考えている。それほど科学や学問は専門化し、細分化し、一般人が理解するには日常からかけ離れたものになっている。そういった自分にははっきりわからない科学や学問というものを、政治や経済に都合よく利用することも迷信に近い錬金術に成り下がっているといえる。そして人々は、ますます難しいことを毛嫌いし、理解できなければ「もっと役に立つ話をしてくれよ」と要求したりする。そうやってものごとは単純化され、記号化され、日常の役に立つ商品になり、平板で大衆的な思想になる。そして人々は、単純な言葉やわかりやすい映像など、単純なものごとの一面だけを見て世界を判断することになる。

人は単純なものなら理解し、また、理解したつもりになって、簡単に惑わされていく。迷信に惑わされるのは過去のことだと言いながら、いまだにそれに囚われているのが現代人なのだ。しかしここ数十年の変容で、人は精神世界も大切にして生きなければならないことに気づきはじめた。物質世界のなにかが精神的に飽和状態になってきたからだ。人の精神の世界もまた現実なのだ。

人は、物で満たされるようになったからといって、決して精神が満たされることはない。「魂」で進化することなしに人類の行く末はない。

宗教と近代のズレ

人類は産業革命以後、資本主義の時代へと突入し、今までにないスピードで世界は変化し、宗教と近代という時間の概念の間にズレが生じた。

伝統に根差した宗教や文化は唯一無二で当然貴重なものだ。しかし、現代人の我々にとってすでに宗教は古びた儀式や決まりごとばかりで時代に取り残された慣習にしか見えなくなってしまっている。片方で祈りながら、片方で多くの時間を費やして仕事や生活上の心配事に気を配り、数字やお金の計算をしなければならない。

キリストや仏陀たちの生きた時代は何千年も前で、現代の我々は彼らの本当の教えを知るすべもないし、たとえ知ったとしても現代の仕事や日常の生活の細々したことに忙殺されすぐに忘れてしまうだろう。それ以上に、現代人はそれらを役に立たないものとして軽視しているかもしれない。

我々は精神的に退行した。便利な世の中の安易さや快適さに安住し、それらと引き換えにして。

人ははじめそれでもいいと思い、やがてなにも感じなくなった。そして自分自身をも見失った。現代人は本当の人間としての生き方の芯を失った人々。

仏陀やキリストはその真の生き方を説いた。この世を楽園にするにはどうすればいいのか。エデンの園に返り、人がふたたび人間として完全になるにはどうすればいいのか。

現代人は、仏陀やキリストたちの真理を歴史の彼方に追いやることで、現代のこの文明を「神」の許ではなく、自分たち自身の手で勝ち取ったのだと誇らし気に胸を張って言う。私たちはもう愚かなサルではないのだと。

ところが、その自分たちの文明は本当にそんなにすばらしいものなのだろうか。

たしかにこの世は人間界であり、人間界である以上この現代文明は神のものではなく、まさに人間のつくり出した人間だけの世界には違いない。ただ、それが正しく機能しているのかどうかが問題だ。当然現在の人間の社会は、神の思し召しにはほど遠いものなのだろう。これこそが神の求めた世界なのだと言う者がいるなら、その人間こそは万物の創造主という神を否定していることになるのではないだろうか。なぜなら、その人にはこの世界の混乱と苦しみが見えないのだから。

時代が進化したのか、人間が進化したのか、それとも神々の真理が人間の進化というものに置き去りにされたのか……。我々の社会には、もうすでにエデンの園の面影すら見当たらない。

結局宗教は、今にいたるまで世界を変えることはできなかった。

経済が神になった

神とは「人間を正しく導く道理」。

信仰とは生き方。生き方が間違っていればその信仰は間違っている。

現代という時代は、人間のつくり出した経済が神に取って代わった時代。

多くの宗教で偶像崇拝は禁止されている。もし経済を崇拝することが偶像崇拝であるなら、我々は間違ったことをしていることになる。

ニーチェの亡くなった年に入れ替わるようにドイツに生まれた、哲学の研究者であり社会心理学者のエーリッヒ・フロムは、その著書『愛するということ』の中で、「偽りの愛の一種で、よく見受けられるのが偶像崇拝的な愛である」と言っている。

自分の本来の愛を得られない人が、代わりに仮初(かりそ)めの愛を求める。恋愛で言えば一目惚れのような努力や愛する能力の必要ない手っ取り早い見た目だけの愛。そういった偶像崇拝的な愛に支配された人をニーチェは「末人」と呼び、さらに「神は死んだ」と言ったのだ。

経済至上主義は人間を本当の意味の神とは真逆の方向へ導いている。

人間は宗教の言う目に見えない神に愛想が尽き、手の届かない神という存在よりも、目の前ではっきりと目に見える形で具体的に期待に応えてくれる経済の方を信じた。まるで魔法を使うように自分の周りの世界を変え、すぐにでも願いをかなえてくれる物質世界の力である経済を。

今まで人間は宗教の言う神の力を信じ、その律法や厳しい戒律によって物欲や金銭欲などあらゆる欲望を抑えてきた。しかし人間は我慢ばかりしろと言いつつ、いつ望みに応えてくれるかわからない宗教の神よりも、この世での最先端の科学技術や思想、流行などというものに価値を裏づけられた真新しい経済の力、つまりお金しか信じなくなった。

そこで宗教の神を信仰し、伝統的な社会に生きる共同体的民族と、お金を信仰することが自由で先進的だとする民族としての誇りを失った近代国家とが対立するようになった。伝統的な生き方そのものが破壊されるのを恐れる者と、個人主義でありながら経済という一つの欲に囚われた者たちの対立。

お金を信仰する後者の人々は、乾いた口で「いったいなにが悪い？　君たちがおかしいんじゃないか？」と言い、「私たちは神を捨てたつもりはない、お金も神も両方を愛しているのだ」と弁解する。しかし信じられるものは一つ、同時に二つのものは信じることはできない。

グローバルな時代に取り残された民族のための神は力を失いつつあり、ふたたび権力を取り戻すことに躍起になっている。そしてお金を信仰する人々もまた、悪と正義との狭間で信念を失い、堕落した身勝手な行いで人間のモラルに過ちを生み出し続けている。

いずれにしろ、お金を信じる人間は、そのお金の欲によってもう神を本当には信じない。

救世主を待ちわびて

キリストや仏陀の教えが宗教として形づくられてからすでに長い年月が過ぎ去った。その間に人の歴史はさまざまな経過をたどり、多くのことを経験した。

川の水が流れに従って流れるように、宗教という川はそのときどきの都合で形を変えて流れていく。ときに岩に打たれ、ときには二手に分かれ、またときには滝となって落ち、しぶきとなって激しく打ち合い、浅瀬で広がった水はゆったりと穏やかに流れ、片隅で暗くよどんだ水はにごり、腐る。

仏陀やキリストが生きた遠い過去から現在まで、流されるままに流されてきたその教えは果たして仏陀やキリストが唱えた真理のままだろうか。そのときどきの政治や権力者の意向に合わせて変えられたり、ゆがめられたり、都合よくつけ足されたりしてきた。

キリストは「にわとりが鳴く前に、三たびあなたはわたしを知らないというだろう」と言った。これは嘘をつくだろうという意味の他に、そう遠くない未来、自分の本当の教えは正しくは伝わっていかないだろうということでもある。人は弱いもので、自分の都合の良いようにものごとをゆがめてしまう。

仏陀も同じように将来自分の教えが正しく伝わるか心配していた。

宗教には長い歴史の中で多くの余計なもの、過剰に厳格なもの、権力や醜悪さなどがまとわりついてきた。長い流転の中、それらのもののおかげで本当の輝きが見えなくなってしまっている。だからこそ、誰もが仏陀やキリストの言葉を信じることをあきらめ、軽んじるようになってしまった。彼らの本来の教えは、科学と経済が最優先の現代においてもう誰の目にも触れることができない。

しかし真理というものは永遠で、時代によって変わるものではない。そうでなければ真理ではないのだから。宇宙が永遠に存在するように、神や宇宙の真理も変わることなく、滅することもない。宇宙そのものが変わらない限り、キリストや仏陀が唱えた真理は今もたしかに存在する。それは我々のすぐそばにある。人がそれを忘れかけているだけ。

我々がすでに形づくられた宗教というものの中に真実の姿を見るには、もう歴史はいろいろと経験し過ぎてきた。その点では、ある意味私たちは以前よりも成熟したのかもしれない。

しかし人類は指針を失い、これより前に進めなくなっている。人間は自らの立ち位置をしっかり確認し直す時期にきている。今日までの哲学や心理学など、あらゆる学問を総まとめし、人類の歴史の成果と新たな叡智をたずさえて新時代に向かう必要がある。そういった動きは出てきているのだろうが、西洋の真理は科学においても哲学の世界においても物質世界に限定されたものであるように感じる。より大きな真理は科学や理屈では説明がつかない。神は当然、学問や科学よりももっと懐が深いのだ。

そしてそのうえで、真理を人類は合理的に学習するべきなのだ。つまり実社会やそれぞれの生き方の芯とする。人間には学びがつねに必要だ。人は誰もが自らの生活に縛られている。しかし今こそ思い切って新しいことをはじめなければならない。お金ではなく、本当の世界を発見し、思い切った人間改革をしなければならない。

世界中の無駄なもの邪悪なものを排除し、良いものは残しつつ、良いものを新たに取り入れ、まったく新しい社会の仕組みをつくる。それは物質主義に偏らず、精神の世界や人の心を築くことでもある。それには人類全体の共通の認識や精神的な指針が必要になってくる。それを人間的に宇宙や自然に敬意を払いながら行う必要がある。

我々人類にとってなにが良いのか、なにが本当なのか、なにを必要としているのか、この時代の渦中から拾い上げ検証するときがきた。しかし時間はもうない。

この混沌とした世の中で、我々は真理を待ち望んでいる。キリストや仏陀が唱えた現代人にとって身近で簡潔な真理を今ふたたびここに求めている。人間は仏陀やキリストや預言者の復活を期待することによって、その奇跡によって、一気にこの世の問題を解決してもらおうと思っている。しかし救世主を待つには遅過ぎた。救世主がやってくる前に、人類は自分たち自身で新たな社会を、理想の世界をこの世に実現する必要がある。

他人まかせや奇跡まかせにせず、人類が自らの知恵で立ち直ること。それこそを神は望んでいるはず。

もっと生きやすい世の中のために。人間が人間らしく魂から進化するために。

大航海時代

十五世紀に大航海時代が到来し、まるで宝探しでもするかのように、強欲で野蛮な冒険心は堰（せき）を切ったように海外に進出していき他国の人々から奪うことを覚えた。

北方の、苦労の多いわりに実らない痩せた土地を見限った彼らは、作物が豊かに実る南方の地を求め南下した。その後、黄金の国だという日本を目指して、西へ西へと彼らは海を渡った。欲が続く限り辛く長い航海も我慢した。

いずれにせよ人間の強欲が彼らを突き動かした結果、彼らははじめから奪うつもりで旅立ったのだ。それはまるで使い捨てのようにして次から次へと土地を求めて転々と移動していく彼らの性分からきていたのかもしれない。

もしアメリカ大陸がコロンブスたちの行く手に横たわっていなければ、彼らはインドか日本のどこかにたどり着いていたのだろう。しかしもしたどり着いていたなら、彼らは、そして歴史はいったいどうなっていただろうか。しかしたどり着いたのは、彼らにとって幸運だったと言えるだろう、まったく予想外の場所だった。

コロンブスたちは予想外の場所にたどり着いても執拗に黄金を探した。しかし黄金なんかどこにもなかった。コロンブスたちははじめ現地人をだまし、すぐに手のひらを返して黄金を差し出さなければ手首を切り落とすと強迫し、結局黄金は多くはなかったのでどこかに隠しているのだろうと妄想から住居に火をつけ、見境なく虐殺し、最後には彼らを奴隷としてヨーロッパに送って女王へのせめてもの成果とした。

古代西洋では、近隣の国に侵略しその国の民を奴隷とする行為が平気で行われていた。大航海時代にそれが世界に広がり、平和な社会で家庭を持ち、幸せに暮らしている普通の人々の富や土地、人間なら誰もが神のもとに保障されているはずの彼らの人権や命、それから誇りまでをも奪い取った。そうやって彼らが去った後には塵ひとつ残らなかった。

その後、後を追うようにして植民地を求め長い航海に出る西洋の国はあっという間に増えていった。彼らは奪い合うことさえ競い合った。

彼らの神を広めるという建て前で欲望を正当化した西洋人は、銃を持つただの追いはぎと化し、あっという間に力で地上を侵食し、地球は丸裸にされていった。

当時の白人たちは先住民を人間ではなく動物だとしていた。そして狩りを楽しむように追い回したという。犠牲になるのはいつも弱者。

当時の西洋では植民地政策というものが、まるで時代の最先端でもあるかのように都合よく正当化され、流行化し、誰もそれが間違ったことだとは気にもとめなかったようだ。野獣のような欲が領土や国境を越えるたびに殺戮と破壊、数々の苦しみを生み出した。それは結局、人類全体の苦しみとなり、カルマとなった。

一定の成果を上げたコロンブスは二度目の航海を許される。有頂天になった彼は、自分がこの幸運を享受できたのは「自分の神への深い信仰のおかげで、その信仰の褒美として神が与えてくださったのだ」というように考えたという。当然現代に生きる我々は、神がそんなことを許してはならないし、許すはずがないということを知っている。彼の航海を援助したスペインの女王でさえも彼の行いを疑い、調査しようとしたが、利益を優先した王朝は最後には目をつぶってしまう。

人間は誰もが弱い心を持っている。

愛と慈悲の教えを説いているはずである宗教をもってしても、人はコロンブスがしたようなことを平気で自分に許してしまう。それどころか、その宗教の愛を口実にしてまで神に背く行いを容易にしてしまうのだ。

宗教の神という力

コロンブスのような教条主義に囚われた者は、暴走し、他者をあらゆる形で破壊してしまう。あるいは純粋な者であればその不条理に気づき、混乱の中逆に自分自身を破壊してしまうかもしれない。彼らを突き動かしているのは妄信なのだ。

ニーチェは自分自身で深く考えることなく従順に忠誠を誓い、自らを他者の奴隷としてしまうような人々を忌み嫌った。それは静かに広がった一種の集団ヒステリーであり、結果コロンブスのように他者を傷つけてもいい、奪ってもいいと思い込んでしまう。そのような彼の神とはいったい本物の神なのだろうか。

簡単にものごとを妄信してしまう弱さは、誰であろうと同じこと。誰もが持っている人間の心の弱さなのだ。現代でも人々にその思考習慣が残っている限り、欲望はそれを都合よく利用するだろう。

宗教の神は太古の昔、王以上の力であり、その神が預言者を通して当時の王を王として認めていた。だから神（預言者）に認められなくなった王はもう王でいられなくなる。逆に神に認められた王は絶対の権威を持ち、それに誰も抗えないがゆえに神の名のもとに人々が虐げられてしまうこともあっただろう。

いまだに宗教と聞くと、なにか危なっかしいものを我々の心の中に感じてしまう。宗教というだけで拒否反応を示してしまう。現代において、特に西洋では宗教を信じる人々の中にも自身の宗教には抵抗はないが、他宗教には脅威や嫌悪を感じるという人は少なくないだろう。

宗教は人の心を強くするはずのものであるが、逆に人の心を弱くできるものでもある。

太古の宗教の神というのは、自国の民を敵国との戦争で勝たせるためにつくられた神秘の力だった。我らの神がついていれば、我々は絶対に悪との戦いに負けることはないというわけだ。戦争に勝つための神とは、奪うための神であり、ある者には奪われないための神でもあった。そのような戦争に勝つための神が宗教の神の起源なのであれば、現代の我々にはもうそのような神は必要ない。我々は平和を欲している。

現代人には本当の神が必要だ。平和の神なら必要なのだ。


我々はまだ本当の神のことを知らない。それどころか、まだまだ自分たちのことさえよくわかっていない。人間の心の仕組みをもっと知り、自分自身の意思をコントロールできるようにし、それを社会に生かせる世の中にしなければいけない。それは決して他人のコントロールではない。妄信も他者のコントロールがつくり出す。扇動されたり、感情に流されて他者のご都合主義に安易に従うべきではない。要するに必要なのは自制心なのかもしれない。いや、自分を抑え込むのとは逆に愛の心だというべきだろう。自分自身をはぐくむ愛の心。

もっと豊かに人の心をはぐくむ仕組みを、社会のシステムとして具体的に反映しなければならない。その重責を担うのは果たして今までのように宗教だろうか、政治や経済だろうか、それとも科学だろうか。どれも違うと言いたい。

もうすでに我々はそのすべてを試し終えているはず。

妄信という大罪

他民族を受け入れるには、コロンブスたちは魂が未熟だった。そのうえ、当時の社会は権威的な国家や宗教的戒律、非常識な常識、タブーなどで自由意思もがんじがらめになっていただろう。現代において人間は前より自由になったと思っているが今でもまだまだ不自由であり、世の中は縦社会のままなのだ。誰もが見えないしがらみや他者を恐れて暮らしている。縦の社会は妄信や服従、畏怖の念を植えつける。新しい時代には縦ではなく、横のつながりの社会が必要になってくる。

縦の社会は経済格差をもつくり出す。そして平和の名のもとに自由と平等を口先で唱えながら、それとわからないように搾取を繰り返し、格差を生み出す。

これからは縦の関係性は最低限の必要なものだけとし、実質的には横の関係で世界が素の人間どうしとしてつながる必要がある。当然縦ではなく横の平等な関係性なのだからそこに暴力や差別の入り込む隙間はなく、お互い協調し、尊重する愛の意思のみ残ることになる。

数々の歴史の悲劇が示す通り、縦社会におけるヒステリーとも呼べるような妄信や、与えられた考えを安易に信じ込んでしまうことが一番危険なことであることを人類はいまだに理解していないのかもしれない。

自分で考えることができなくなると、人間は愚かになる。自分を失い、誰かの思うままに操られてしまう。「無知は罪なり」とソクラテスは言った。妄信は無知と同じ。頭の中が一つのことで一杯になって、その他のことを考える余地がなくなり、他の考えを受け入れる余地がなくなること。自分自身の柔軟な考えさえもそこには入る隙間もない。

妄信は、頭の中で考えが偏る。そして、自分たちを阻害するのではないかと対極にいる者たちに恐怖を感じる。相手に対して無知だからだ。

昔のサムライは「相手を知ることは相対的に自分を知ることになる」と言った。自分を守ろうとする自我があるのは間違いではないが、行き過ぎると自分にも相手にも害になる。しかし、その自分とはいったいなんだろう。

自我は過剰に自分を守ろうとし、度が過ぎれば周りのものすべてに攻撃的になる。子供を守ろうとする獣のようなもの。自分の自我は自分の中の子供なのだ。

欲望による教条主義的妄信は、麻薬のような中毒性のあるものに夢中になっているようなもので、結果中毒は人の感覚を狂わせ残虐にする。

過去には、自分自身にさえも攻撃的、残虐になり、集団自殺などというような事件も起こった。特に集団ヒステリーは悪魔的な行いを人間にさせてしまう。戦争や内戦、革命中に起こった数々の恐ろしい悲劇をみれば一目瞭然。それらもすべて狂った教条主義的妄信の結果なのだ。

人は妄信すると自分自身の判断能力を失い、妄信しているものを正義だと思い込んでしまう。つまり信念と誤解する。そして極端な場合には、自分の命さえ投げ出しても構わないとさえ思わせてしまう。生きることが怒りや憎しみ、苦しみだけになってしまう。妄信をさせるものは、それこそが目的であり、それは人間性を失わせることなのだ。

かのフランス革命においてさえも、城外では地獄絵図が繰り広げられていたという。それもごく普通の人々によって。過去の二度の大戦でも、どんな戦争や争いであっても、どんな小規模のものでも例外ではない。口にしたくもない残虐なことが起こっている。

そこでは不思議なことに彼らにとって正義の行動のはずが、他人の自由を迫害し、破壊している。妄信すれば個人としての呪われた安心感は得るが、恐怖や憎しみから人はまたさらに不安になる。魂がその渦を巻くこの世の淵に落ち、抜け出せなくなる。

人間はそれだけ臆病者だ。たとえどんなにマッチョで強靭な肉体を持っていたとしても、どんなに権威的立場にいようと、中身は皆同じ虫の心臓であり、創世記の自分が裸でいることに気づいた人間のように、誰もが裸の心で怯えている。他人がたしかだということに頼らなければ、自分を信じる強さも、自分を顧（かえり）みる強さも持ち合わせていない。

彼らは自分の身に危険が及ぶことを過剰に恐れ、その弱さゆえに彼らはすがる物を求めている。そして人々のその恐怖心につけ込んで社会はコントロールされていく。ニーチェはその人間の弱さを嫌った。

仏陀は、すべては「空」であると説いた。我々はその自我を捨て、怒りを生み出すネガティブな妄想や妄信から抜け出さなければならない。

「冷酷な人間、残虐な人間は、残虐なほどに臆病者と知れ」と昔のサムライが言ったか言わなかったかはわからないが、臆病者の妄信に正義はない。滑稽（こっけい）な愚かさがあるだけ。

我々はもっと本当の悪に対してこそ怒りを持たなければならない。はげ山を覆うような巨大な幻影に怒りと恐怖を抱いている暇はないのだ。

ものごとの本質を見極めて正しいことを行わなければならない。善をなすこと。それには神の視点が必要だ。もっと大きな視点で世界を見ることが必要だ。真理はそこにある。

もしも真理でないものを信じるのなら、それはすべて偶像崇拝であり、妄信だと言えるだろう。偶像崇拝はユダヤ教では特に、キリスト教でも、その他の宗教でも禁じられているはず。真実の神は、自分ではなく誰か他の人や意味のないものごとを信じろなどとは要求しない。

無知でそれ以上知ろうとしない妄信は、狭視眼的で心の狭さを表している。心が狭いということは愛がないということ。

仏陀は弟子たちに、自身が説いた教えさえ「鵜呑みにすることなく、自分でよく考え、納得してから信じられるなら信じなさい」と言った。

本来自分で考えることを失ったら人間でいる意味さえなくなるのかもしれない。

欲望の網と人間の画一化

ニーチェが生きて「神は死んだ」と語った百二十年ほど前より、世界はさらに狭くなった。経済面でも、情報の面でも、国と国の距離感においても、モラルや価値観の面でも。いつの間にかお互いがお互いに接近し、世界は画一的になっていった。皆が自由で平等な世の中を願うと同時に、世界は資本主義化されていった。

そこに共通するのはお金の欲。経済的価値観。世界の隅々のどんなに辺境の地の人でもスマートフォンを欲しがり、外国料理をどこの国でも食べることができ、流行りの歌手やハリウッド女優のメイクやファッションの真似をし、秘境の地とされた地域でも観光地化され、観光客相手に彼らの手作りの土産物が売られている。

そうやって彼らまで資本主義経済の中に取り込まれていく。そうやって彼らまで、自分たちが祖先から受け継ぎ、信じてきたものを忘れていく。

大地と共に生きる彼らこそ、真の神の伝承者のはずなのに。そこにこそ本当の神はいるはずなのに。強欲な経済の中に神はいない。

伝承者の叡智は「われわれが預かっている財産にすぎず、祖先およびわれわれ子孫のものである。それは誰も奪い取ることのできない人類永遠の財産である」（新渡戸稲造著『武士道』より、クラム教授の言葉）。

資本主義社会では、日常の中で不安や欲望、強迫観念によって終わりのない購買意欲をかきたてられる。人々はゾンビのように次から次へと消費し、世界の経済はごうごうと地響きを立てて回っていく。果たしてそれは本当に必要なことなのだろうか。

戦後、皆がこぞって理想の五十年代アメリカの夢を追い求めた。その数十年後、いっとき家電の三種の神器も、カラーテレビも車も、持てる物はほとんど全部そろっているという時代がきた。物が十分足りてこれ以上消費する必要がないという時期に、人は「物が売れなくなった」と嘆いた。そして「隙間ビジネス」と言われる経済の隙間にこぼれた利益を拾い上げ、なんとか生き延びようとする時代がきた。

しかし、しばらくするとそんな時期はまるでなかったかのように、まだ使える携帯にテレビや洗濯機、昔なら捨てずに修理した車など、すぐに次から次へ物を買い替える時代になった。「このままでは経済がしぼんでしまう」と焦りながら、我々は経済に操られ資源を無駄遣いしている。なぜそれほどまでに利潤を追求しなければならないのか。必要以上に、持てる以上に。無理にでも経済という歯車をごうごうと回し続けなければ人類は存続できなくなっているのだろうか。

経済の歯車は誰にも止められない、社会の基盤がそうなってしまっている。それは人間の問題であり、誰でもない自分たち自身の問題だ。

お金への欲はいつの間にか目に見えない網のように、まるで自分自身を捕らえるために張り巡らされた蜘蛛の巣のように、隅から隅まで覆いつくしている。それは同時に、経済的優位者が民衆の購買意欲を際限なくかきたてるための恐怖や不安で覆いつくした世界でもある。そして人々は、その包装紙にくるんでプレゼンテーションされた、限定的な安心感のもとへと必然的に逃げ込んでしまう。

人は不安や欲望のために働き、また消費する。キリストも言ったように、人は借金のために働き、人生を拘束される。

『モダン・タイムス』のチャップリンのように、人はその巨大なシステムの中で歯車の一部となってグルグル振り回され、思考能力を奪われている。考えてみれば、今までどれだけ多くの小説や映画がつくられ、この経済と人間性の矛盾を訴え続けてきたことか。

病気になることと不信をもつことは、かれらにとっては罪である。かれらは歩き方にも気をくばる。石につまずく者、もしくは人につまずく者は愚者とされる。

（中略）

かれらもやはり働く。というのは働くことは慰みになるからだ。しかしその慰みが身をそこねることがないように気をつける。

かれらはもう貧しくなることも、富むこともない。両者ともに煩わしすぎるのだ。もうだれも統治しようとしない。服従しようとしない。両者ともに煩わしすぎるのだ。

牧人は存在しない。存在するのはただ一つの畜群である。

――『世界の名著46 ニーチェ ツァラトゥストラ』（ニーチェ著）

『ツァラトゥストラ』がなにを言っても聞く耳を持たなかった人々、世紀末の住人「末人」とは、そういう生き物だとニーチェは言う。さらにニーチェは、彼らは世界に起こった一切のことについて知識を持っており、だから彼らは絶えず嘲笑の種を見つけ、争いもする。しかしすぐに和解する。そうしなければ胃をそこなうからだ。かれらはいささかの快楽をもち合わせているが、なにより健康を重んじる。彼らは自分で幸福を発明したように思っている、そうニーチェは言う。現代人なら誰でもまさにこれは私だと思い当たるはず。

このような末人という人間は、世界経済という巨大なマシンが製造した歯車の一部であり、巨大な機関を支える製品の一部、自由を与えられてはいるがしかし都合よく利用される新たに開発された奴隷の一種なのだ。我々末人は、この日本であろうと、どこの国であろうと変わりなく世界経済を操る人々の単なる手足であり、ロボットであり、素晴らしく良く言うことを聞く彼らの完成品なのだ。

数十年前、奴隷制度を想起させるという意味で、SF小説に出てくるロボットは西洋ではしばらく敬遠された。日本では、ロボットイコール奴隷というマイナスイメージがあまりなかったので、抵抗なく優秀な産業用ロボットを次々生産し、車とロボットの大国と呼ばれるようになった。日本人はロボットに対して親和性を要求する。心を大切にする日本人は友達としてのロボットをつくることに専念し過ぎているため、その他のロボット、悪くいえば兵器や悪役にもなりえるロボットを生産する国には、そういった分野で後れを取りつつあるのだろう。しかし、もちろん日本はそれでいい。人間はいかなる活動にも世界に対して責任があるのだ。

近年、若者の凶悪犯罪が増えている。世の中が不況と言われるようになってからは特に目立つようになった。もちろん、罪を犯す者は正しく法に罰せられなければならない。

しかしバブル崩壊後、独り暮らしの若者は誰とも一言もしゃべらないで終わる日があるという。それを聞いたテレビの中の大人たちは「挨拶をすればいい」とか「私の若いころは」などとコメントしはじめた。彼ら若者は現代社会に産み落とされた無機質なロボットなのだ。社会が彼ら若者を労働者というロボットにした。社会が求めているのは彼らの労働力だけなのだ。社会が求め、ケアしようとするのは彼らではない。その証拠に、政府は不足する労働力を埋めるために外国人を日本に入れて雇おうとしている。不況の中、貧しさに苦しむ国民である若者たちを差し置いて。それが自分たちが引き起こした結果であることも理解していないかのように。

もちろん外国人研修生など外国人に対する人権は彼らに害のないように保護される必要があるが、いずれにしろこの制度によって国民が結果的に得になることはなにもない。しかしそれ以上に、それはかつてのローマ帝国が対外征服で奴隷を確保した方法論となんら変わらないのではないか。もしそうなら、その植民地政策時代の考え方だけは我々日本人が決して許してはいけないことなのだ。でなければ歴史上守り、受け継いできた精神の純粋性という唯一の宝も、失ってしまうことになる。

日本の若者が社会にロボット化されているなら、ロボットである彼らを社会と社会の人々は無視してもいいのだ。誰も話しかけなくても、誰も気にとめなくてもいい。なぜなら彼らは感情のないただのロボットなのだから。労働力を求めるためだけに社会がつくり出した、黙って働いてくれさえすればいいロボットなのだから。そんな彼らに、大人たちが同じ土俵に立ってなにも言えるはずがない。

ロボットは、生まれた理由もわからず、ただ働かされ、そして無視される。まさに昔のＳＦ小説のように、人権はもちろん、ロボットにも感情があって悲しんでいることさえ誰も気がつかない。そして言うことを聞かなくなればあっさり交換され、廃棄される。ロボットたちはその恐怖と悲しみの中で生きなければならない。

本物のロボットには、人間たちは感情を植えつけようとするのに、本物の人間たちは感情を無視される。社会的に弱いものは恐怖に支配されて生きなければならない。それでもステータスを得た大人たちはのうのうと生きていける。

資本主義社会では先にはじめたものが勝つという。先に資本を持っているものが大きく勝つ。家庭環境が不幸であれば勝つ可能性もほぼ期待できなくなる。我々末人は皆、社会にとって奴隷の代わりのロボットなのだ。

ロボットは自分の存在理由に疑問を感じながら生きなければならない。それは人間そのもの。だからこそ、その同じロボットにそのうち仕事を取られてしまうのではないかと恐れる。そして近い将来に本物のロボットが量産できるようになれば、人間であるロボットも本物のロボットに取って代わられるだろう。そして経済の神は生身の人間なしで回ることになる。それがなにを意味するのか。

植民地政策の負の遺産

大航海時代以降、世界を植民地と化す歴史が延々と続いた。

そしてやっと植民地の時代は去り、今の外国の若者の中にはまるで植民地時代の方が自由でよかったとさえ思う者がいるような時代になった。しかし彼らは本当の過去を知らない。苦しかったのは祖父や、その前の世代の人々なのだ。

植民地時代に他者から奪うことに慣れた人間の遺伝子は、人類の記憶の中にいまだ消えずに残っている。そしてそれは肯定され、この資本主義社会の中に脈々とその血は受け継がれ続けている。資本主義の怪物にとっては人間がどう思おうと関係ない、お金が回ればそれでいいのだ。

経済の支配者は他人から奪うことを覚え、黄金や土地などの富を奪うだけ奪って、結局世の中には奴隷が必要なのだと理解し、世界を市場にして奴隷化し、世間にはっきりそれとバレないように「永遠に富を量産し続けるシステム」を編み出した。

経済には製品やサービスを現実につくり出す生の労働力が必要だ。でなければ、世界を支配する金持ちになったとしても楽しむこともできない、お金が世界を回ってもなんの役にも立たない。今のうちは人間がどうしても生産やサービス業をしなければならないのでなんとかバランスは保たれているが、製品やサービスを生み出すために人間が必要なくなったら……。

それでもロボットを製造し管理する人間はいるだろう、しかしそういった人間は社会の地下に潜ってしまう。彼らの目の届かないところに。

植民地を広げて富んだ西洋の国々は、表立って土地や富を奪うことができなくなると、近代化と共に発展した各国の経済市場に次の狩場を見い出した。

産業革命によって大量の労働力を必要とした国は、はじめは自国民さえもお構いなしに奴隷さながらの労働力としたが、やがて国民の湧き上がる不満と革命の火種をかわしながら、自分たちの国が楽になるために、それを世界の隅々のなにも知らない者たちへと見境なく広げていった。世界に広がった経済の網は、気づかないうちに人々を捉え、苦痛と共に封じ込めてしまう。欲と悪意をそれとわからないように常套化し、決して誰一人逃れられないように網を張る。彼らはかえって今まで以上にうまく海外へ侵略していく方法を身に着け、人々は自ら好んでその網の中へ入った。近代化というオブラートに包まれた欲と悪意を良薬なのだと鵜呑みにして。

機械化による産業革命で製品を大量に生産できるようになった人類は、製品をさばくために海外へと市場を広げる必要があった。

先に商品がやってきた。それまで必要のなかったものまで買わされるようになった世界の人々は、テクノロジーに魅了され、異教徒の魔法を簡単に受け入れてしまい、すぐにその魅力から抜け出せなくなってしまった。そしてその結果、そのシステムを最初からはじめた一部の人たちに富の集中を生み出し、その他の人々は一人残らず過酷で単調な、人間性を失った労働と搾取の罠に飲み込まれていった。

日本でも西洋にあこがれ、西洋式の甲冑を着た織田信長が西洋式の銃で勝利したが、もしあのとき「本能寺の変」で光秀のために亡くなっていなかったら、日本は他の植民地のようになっていたかもしれない。

戦った民族は、自らの誇りのために戦い、奴隷になるのを拒んだ。資本主義は平和の名のもとに部族を武装解除し無力化し、代わりに人々を商品漬けにして、やわな自由というものを与えた。

向上心や意欲など、欲は過剰でなければ決して悪いものではない。もちろん、人間に高い目標は必要だ。しかしそれは強欲ではない。だまし、争い、他者を破壊する醜い自我による奪う欲が問題なのだ。私は奪っていないと言い訳したとしても、社会は皆でつくり出すもの。

歴史的事実からもわかるように、資本主義経済はもともと奪う精神の上に成立している。この社会にいる限り、誰もがその根本精神に加担しているのだ。奪うことを許しているこの資本主義経済に誰もが加担している。かつての物が不足する時代であればまだしも、要らない物があふれる時代に資源を大量に加工し、消費し、消費もされず大量に処分する。そうやって人間は自然から奪っている。株にしても目の前の数字が変わるだけであれば罪の意識もなく、まるで無からお金が生まれたように思うかもしれないが、それもただ損をした人々から奪っているだけ。誰かが儲けた分、誰かが損をしている。

すべての欲にまみれた人間の奪う行いは、「経済活動」という魔法の言葉によって正当化され、世に堂々と悪気もなく居座っているのだ。

奪うことは我の強さからくる。我々一人ひとりにもその自我はあり、いつ同じ過ちを犯してしまうかもしれない。それはカルマとなって私たち一人ひとりを待ち構えている。

世界を破滅させる強欲

人間の二極化は進み、貧富の格差は広がっている。

貧富の格差は奴隷と人間のロボットを生み出し、まるで罪の意識をおおい隠そうとするかのように無感情にシステム化されるが、やがてその罪は無意識下で人々の精神を蝕み、じわじわと苦しませ、人類の原罪となる。その「カルマ」がまるで人間の逃れられない「存在の苦しみ」のように人に永遠につきまとう。

世界で噂されているような人口削減や戦争、天変地異などたとえ暴力的な最悪のことが起こるとしても、今では誰も決してそれを他人ごとのように言うことはできない。人類の災難は人間自身が与えたものであり、すべての人に責任がある。この社会にいる限り自らもその血を受け継いでいる。それはもはやこの地上に住む者すべての業（カルマ）となっている。たとえ成功者であっても、貧しい境遇であっても、欲を求める面では人間は区別なく同類だ。誰もがお金を欲しがって手を伸ばし、口を開けている。

「誰にでも成功する可能性はある」という根拠のないプロパガンダを信じ込み、「勝ち組になりたかったら利口に立ち回ればいい」「這い上がればいい」と言い、それがやがて社会の常識となり、他者を引きずり下ろし、平気で自己責任だと言い放つようになる。他人の不幸を自己責任だと言い放つようになったら、それは人類の平和に対する全責任をその人は放棄したことになる。

経済の悪はそれほど世界に浸透し、常識化し、地球と善良な人の魂に侵食している。たとえ装っても、欲深い人間は顔に書いてある。人間は欲に振り回されるべきではないし、欲を利用する何者かにも振り回されるべきではない。

たとえ貨幣の雨を降らすとも、欲望の満足されることはない。「快楽の味は短くて苦痛である」と知るのが賢者である。

——『ブッダの真理のことば　感興のことば』（中村元訳）

欲への執着は快楽のためにあり、快楽はむしろ苦痛を生み出す。

人間には誰にでも、もっと他にやらなければならないことがある。小さなことでもよい、世界のため、人類のために、地球という共同体のためになることを行うこと。人生はそれがすべてだ。

だからこそ、奴隷やロボットのように働かされ、無価値に見下され、生きる意味も失った人はその人生の目的に参加することもできない。参加しようとする段階で、社会に拒絶されているのだ。

それは社会に責任があり、そういった社会はやがて人々に怒りしか生み出さないだろう。そしていずれ世界に大きな裂け目ができ、破裂することになる。その裂け目がどこから起こるか。

予想もしなかった場所から起こるかもしれない。

今の大人は昔の大人たちから聞いた言葉「こんな楽な崖はすぐに這い上がって来いよ」と根性論を言う。よほど前向きに考えられる無知な人か、はじめから恵まれた境遇にある人ならこの苦境から這い上がれるだろう。しかし今の崖は、昔よりもっともっと過酷なのだ。

成果を得られない失望と長い競争の中で疲れ切った老いた大人たちからは、悲観論しか口を突いて出てこないかもしれない。けれども、イソップ寓話のように冷たい北風に当たるのではなく、太陽の暖かい光に当たることこそが今の人々には必要なのだ。

そして社会はもちろん、冷たい北風になるのではなく、自ら暖かい太陽にならなければならない。

欲望の元凶

キリスト教がはじめ、地球の周りを太陽が回っているのではなく、太陽の周りを地球が回っているのだというガリレオの「地動説」を認めなかったように、人間はこの地球を中心に太陽やすべてのものが回っていると考えた。あくまで彼らにとって自分たち人間がこの世界の王であり、天も含めた宇宙の中心だったのだ。

アメリカ大陸に白人がやってきた当時、ネイティブ・アメリカンが自分たちのことを人間と呼んでいたように、安住の地を失ったユダヤの民が宗教的理由から自分たちこそが人間だと信じたように、それぞれがそれぞれの共同体の中で自分たちこそが人間だとして存在した。ただ、現代ではすべての人種、すべての世界の人々が自分と同じ人間なのだと理解しているはず。もしそうでないという人がいたら、その人こそ人間でないのかもしれない。

たとえ幼いときに両親からはぐれて森でオオカミに育てられた少年であっても立派な人間なのだ。その世界の中心だという人間は、人間であるのなら人間らしく、欲にのまれるのではなく欲をコントロールしなければならない。

遺伝学のデイヴィッド・ライヒ教授によると、あるチンギス・ハンの研究チームが東アジアやヨーロッパの人々のY染色体を五～六千年前まで辿っていくと、ほぼ全員がある一人の男性のDNAを共有していることがわかったという。（佐藤智恵著『ハーバードの日本人論』より）

そんなに広域に影響力を持ち、自らのDNAと共に子孫を残した人物とは当時相当の権力者だったのだろうか。多くの人から認められる人格がその男にそなわっていたからそれだけの広範囲に自分の遺伝子を残すことができたのだとは決して思えない。どうやって短い人生の中でそれだけの大きな結果を残すことができたのか。彼がしたことは想像を絶する。

だとしたら、奪うことの罪のはじまりはその何千年も前の一人の権力者にあるということになるのだろうか。そのたった一人の人間から、東アジアからヨーロッパまでの広域にわたり、その人物の支配的で攻撃的な性格が現代まで受け継がれ、広まって今にいたっているのだろうか。奪うことの罪のはじまりはその何千年も前の一人の権力者にあり、その人物が原因で人類は間違った道に進んだのだろうか。

我々はその人物を振り返って追及する必要がある。そんなことはとうてい不可能だが。

しかし、いまさら奪うことの罪のすべてが、禁断の木の実を神に逆らって食べた、つまり、神から奪うという盗みの罪を人類史上はじめて犯したアダムとイブにあり、そのたった一人の最初の男のＤＮＡがアダムからはじまっているとは誰も思わないだろう。

他者に対する破壊にまで変わるほどの人間の強欲が、何千年も続く人類の遺伝情報に組み込まれていてそれが不可能なほど抗えない人間の本性となっているとすると、人間の自由意思とはいったいなんなのだろう。神の木の実の智慧とはなんだったのだろう。

人類は自分の内にある残虐性と冷酷さを、歴史の中に埋もれてしまった名も知らぬその実在したたった一人の男のせいにしてでも、いま心を入れ替えて立ち直らなければならない。

そしてその歴史を、終わらせなければならない。

2．愛と恐怖

「道」シンプルな生き方

いつの時代でも人間の本質は大して変わらない。歴史の中で執拗に繰り返される人間がやってしまう愚かな行動のパターンは大体決まっている。人間の性（さが）を知り、人の生き方をもっとシンプルにする必要がある。

やってしまうことをしないように社会のありかたを変えていくしかない。社会をシンプル、ストレスレスにして、人類の存続にとって邪魔なもの、削り落とせるものは削り落としていく。人間の生活を清々しいものにする。それは難しいことではなく、自然との共存の中にある。

地球環境にストレスを与えてしまうとそれが人間のストレスにもなる。それを人類は産業革命当初から、いや何百年も前から多くの学者や著名人が指摘し、理解しているはずなのになにも進歩していないのだ。

まずは現状を正しく認識することにより、人は仏教で言うところの無明を払拭しなければならない。仏教やキリスト教、そしてイスラム教、ヒンズー教、その他すべての宗教に共通する教えであるお互いの尊厳を尊ぶ「愛」と「平和」と「慈悲の心」、そして協調性を取り戻さなければならない。自然と調和すれば人間どうしも調和できるだろう。なぜなら調和ができれば、心の中の根源的な愛を人類が取り戻したことになるからだ。その場合、人間がフィフティ・フィフティの関係が理想であるように、自然ともフィフティ・フィフティの関係にならなければならない。

本来西洋であろうと世界のどの地域であろうと人間は純粋な魂で生まれてきて、多くの人が世界の現状を知り、良い行いをしようとする良い魂のもとにいるはず。しかし、依然として弱い心で、良くない考えに染まった人も一部にはいることは事実。彼らは自分たちで自らつくり出した社会の常識を信じ、真理を失って迷妄の中にいる。

私たち自身も、社会のシステムや非常識の常識を隠れ蓑にして知らず知らずに罪を犯していないとは限らない。良い心を持った人が増えれば社会も変わり、人々の行いも変わるはず。世の中から「苦」をできるだけなくしていけば、大勢の人が苦しみや悲しみ、そして不安から起こる間違いを犯さなくて済むはず。

ストレスや苦痛、不安などは感傷的な安っぽいドラマの伏線になり、やすやすと観衆の感情をコントロールすることができる船の舵のようなものになってしまう。

支配者が支配しようとするときには、人々を一つの考えで強くまとめていく必要がある。しかし、強く締めつけて固めなければならない体制は、わずかなほころびにも逆に弱くなる。砂の山をたたいて固めても、小さな穴をあければ簡単にすべてが崩れてしまう。

良い社会は人に優しいはずだ。極端な一つの思想や感情だけに偏らず、鷹揚（おうよう）にしてゆとりを持った、フレキシブルに対応できる真の社会の実現が必要になる。そのためには、良い心を持った人たちが声を上げて存在を示さなければならない。意見を交わし、世の中を良くしていかなくてはならない。その声は借り物ではなく、受け売りでもなく、自分自身のことばで。

意見を述べるには、まずなにが行われているのか、どんなことに我々は知らずにかかわっているのか知る必要がある。それは社会的なことであり、同時に人の心の中の問題でもある。社会の表舞台に表れることなく、見過ごされてしまうような人の心の中の問題。だからこそ、精神の世界のことを考える必要がある。そして具体的に社会へ反映する。

日本人は人生でおのれが果たすべきことを「道」と言った。

欲や自尊心の自我を滅し、宇宙の道理に素直に従いながら日々精進し、自分の人生のすべてをその道に捧げた。道とは愛であり勇気であり正義だ。

道がある者はよそ見をしない。ただひたすら道を行く。犀の角のようにただ独り歩む。

「一切の形成されたものは無常である」（諸行無常）と明らかな知慧をもって観（み）るときに、ひとは苦しみから遠ざかり離れる。これこそ人が清らかになる道である。
「一切の形成されたものは苦しみである」（一切皆苦）と明らかな知慧をもって観るときに、ひとは苦しみから遠ざかり離れる。これこそ人が清らかになる道である。
「一切の事物は我ならざるものである」（諸法非我）と明らかな知慧をもって観るときに、ひとは苦しみから遠ざかり離れる。これこそ人が清らかになる道である。

――『ブッダの真理のことば　感興のことば』（中村元訳）

人が清らかになる方法は、苦しみから離れること。

苦しみ自分を痛め、傷つければ不幸になる。お互いを傷つければお互いが不幸になる。自分の痛みを他人に押しつけたからといって自分が楽になるわけではない。今の世の中は苦痛を社会的に量産し、その苦痛に各々がまみれている。

仏陀は、煩悩や執着の中に自ら飛び込み苦痛にまみれるのではなく、そういった苦痛から離れるだけで良いという。しかもそれが、自らが清らかになる道だというのだ。

問題は、愚かか利口か、劣っているか優れているか、裕福か貧しいか、多いか少ないかではなく、清い心であるかどうかだ。苦痛を離れて、人にも自分にも愛を与えられる状態にいるかどうかで、真実を見ることがはじめてできる。

今の世の中は「棘や愛執の矢が肉に刺さっている。自ら道をなすべきなのだ。この他に道はない」。人が清らかに生きるためにそれをサポートできる社会になるべき。社会が主役ではなく、人間が主役なのだ。
すべては心から生じ、すべては心の問題。

カルマのリセット

白人がアメリカ大陸を侵略していった時代、青い軍服のソルジャー・ブルーが大軍で押し寄せ、無抵抗の女性、子供、老人まで無差別に虐殺した。そんな残虐な侵略者たちのことをネイティブ・アメリカンは「彼らは学びに来たのだ」と言った。

八十年代のアメリカの若者たちは博物館へ行ってネイティブ・アメリカンの歴史を熱心にノートに書きとめデッサンし、歴史から学んだものだった。歴史の中で繰り返された不条理な悲劇に、人間は学べているのだろうか。学びも「愛」がなければ行えない。

しかし人は、いざ自分の身にそれが起こらなければ、いやたとえ起こったとしても、学ぶことが難しい。あくまで自分中心にものごとを捉え、受けた行いに復讐などという考えが起こり、他人のこととなると自分とは関係なくなり、また自分のこととなると別になり、時間が経つと忘れてしまう。そうやって過ちは繰り返されてしまう。一人ひとりがそれを実感しなければならなくなる前に歴史から学び、それを心に刻まなければならない。

世界は、そして人間は、学ぶことなく過去に起こった出来事に囚われたまま生きている。

仏教では因果応報といって、やったことはいつかは自分に返ってくるという。それがすぐに返ってくるか、それとも次の生に大きく返ってくるかはわからない。しかしカルマというものは、その人の魂や国家、民族の歴史、そしてその土地に染みついてしまう。学ぶことのないまま生きている我々は、目に見えないカルマに囲われているのだ。そうしたカルマを一度リセットしなければならない。

世界の過去のしがらみや執着、怒り、憎しみ、つまり業（カルマ）をいったんリセットする。もちろんそれを人間的に、キリスト教的に言えば愛にもとづいて行わなければカルマをリセットすることにはならない。そうでなければカルマをまた積み重ねるだけ。

そのために仏陀の悟りもあるように思う。

仏陀もキリストもシンプルなことしか説いていない。真理はシンプルで美しい。世界の各宗教から良いところを取り出し、お互いに学び、新たな時代に生きる人類の指針とする必要があるだろう。それがお互いへの理解にもなる。

仏陀の悟りに向かう姿勢は、執着を解くということで、心の中の煩悩をゼロに戻す。

自分自身の心をニュートラルにし、欲はもちろん、考え過ぎや思い込み、妬み、恨み、怒りなどのさまざまな煩悩から人間を解放すること。たとえば西洋各国は植民地時代のうまみや争いの記憶を引きずったまま経済的に発展しようとしている。カルマをリセットするためには悪いカルマを良いカルマで解消していかなければならない。リセットは国際法や社会システムに頼るだけではだめで、人間の心の中身、因縁までいったん「空」にしなければならない。それは簡単そうでかなり難しいことと捉える人々もいるだろう。しかし、社会と心の変革の二つが同時に起こらなければこの世の真の平和は実現しない。

本来なら地球や世界のすべてを、生まれたままの自然の姿へリセットするべきなのかもしれない。地上を、人の煩悩で汚してきた以前の地球の姿に戻すのだ。地球や世界にはすべての生き物と同じように再生能力が備わっているはず。それを手助けするのだ。

一握りの誰かが勝手に決めてきたこと、あるいは私たちが人任せにして加担してきたことのために繰り返し不幸が起こってきた。それは彼ら、そして私たちにはその責務に等しい能力や基本的な考え方を持てていなかったということ。

これからは少なくとも世界の人々の中になにか一つの大きな共通概念がなければ、リセットして新しくできたその世界もすぐに壊れ去ってしまうだろう。あるいは、正しく機能しなくなり大きな弊害が表れてくる。

私たちはもうそういった理不尽な弊害や災難、歴史上の悲劇には遭いたくないのだ。だからこそ、それを人間的に愛をもって、しかも一人ひとりが責任をもって意識的にやらなければならない。

愛なしに機械やテクノロジー、あるいはなにかの暴力的手段に頼って安易に不安を一掃してしまおうと思うなら、それはもう人間の世界ではなくなる。

人類の業・カルマ

過去は過去として別れを告げ、手放していかなければならない。

過去と和平を結び、我々は新しい時代をほどよい距離感を保ちながらお互いに協力し、尊重し合って生きていかなければならない。

お互いがお互いのまま、尊重しながら世界全体のことを見るとき、つまり真理を見るときには、思いやりと平和の意識を持つ必要がある。世界から地球へ、そして地球から宇宙へと、平和と思いやりの意識が広がり、成長していかなければならない。

宇宙や自然、神の人間への思いやりは限りなく、人の想像を超えている。人間はそこから愛を学ばなければならない。それははじめ宗教が担っていたこと。しかしその宗教のうちのいくつかは世界を統一する野望を持ちながらも、自らが推進した科学が新しいモラルをつくり出してしまった後、宗教はその首位の座を譲り渡して狭義の意識にとどまった。

けれど、大航海時代や戦争の殺戮の歴史は、いまだ人間のＤＮＡやこの地球上に負のカルマとして充満している。たとえ表面はお互いに協調し合い、たすけ合い、許し合い、発展し合うように見えたとしても、奪う遺伝子は自分たちの利益のことばかり、相手から取り上げることばかり利己的に考え「ビジネス」や「政治」などという名に変えて、今でも神の意志に反する行為を行っている。

悪いカルマ（行い）や人の悪い想念は、長い歴史の中でこの地上に積もり積もって、その哀しみで大地も枯らすほど……。良いカルマで乾いた大地にうるおいを与えるには、愛という名のもとに自らの自然を尊重し、宇宙の法則に従うこと。その愛は太陽の光や恵みの雨のように必ず人類に返ってくる。

中世では貴族は絢爛豪華な世界で贅沢に生きていた。虐げられた庶民は貴族や王の生活にあこがれ、彼らを羨望と憎しみのまなざしで見てきた。こうした特権階級が社会を独占する状況を是正しようと、近代になって人類は変革をしてきたはずなのだが、ミイラ取りがミイラになっただけなのだろうか、あるいはそれがまたもや人間の欲によってなされたためだろうか、いまだに人類の苦しみは続いている。

人類は民主主義と大量生産の時代になって、ほぼ身分や階級に関係なく、かつての王や貴族のように膨大な富を手に入れることが可能になった。人類のかつての夢が実現したのだ。しかしそれは幻想にすぎない。

もちろん世の中には本当の権力を持ち、王のような生活をしている者が実際にいる。そういった特権的な人々の生活は私たち庶民には想像することもできないが、身近な例でも、高級車が何台も入る大きな駐車場やプールつきの家に住み、最新のＩＴ家電や都会の質の高いサービスを利用することで昔の貴族のような生活を獲得している人たちも多い。そのような生活を送るチャンスが、ごく普通の人々にまであるのだと経済至上主義は宣伝し広める。チャンスさえあれば同じような生活ができることを夢見た人々は目先の欲に走り、所得水準に見合わない消費を繰り返し、かえって経済にがんじがらめにされる。

庶民たちは、たとえ富が実際に手に入らなくても、手に入れることが自分にも可能なのだと考えることで、人間に差別はなく、我々は皆平等なのだと信じ込むことができた。結果しばらくして彼らは、それは幻想でしかなく、現実には平等などどこにもなかったのだと知る。

すべての人が欲の奴隷となり、欲に振り回された。それはお金を稼ぐことがこの経済社会で生き残る唯一の手立てであったからでもある。本当の勝ち組は世界の一パーセントにすぎないにもかかわらず、庶民はいまだにキラキラとしたあり得ない夢を見せられている。そして今では世界の貧困が続き、このままの社会では人類は成り立っていかないことが人々にもわかってきている。それこそ「持続可能な社会」の実現が、社会の基礎である思想や体制のもとで限りなく不可能なことを逆に知りはじめている。社会が持続不可能ということは、やがて人類の破滅しかない。その滅亡のときにもまるで地獄のように誰かが奪い、誰かが奪われることが繰り返されるだけなのだろうか。

優位に立つ者

地球上のごく一部の人間が富を得、富を得たものは権力を得る。権力は実際に行使できる力となる。そしてそれは厄介なことに非合法ではなかった。キリストが「金持が天国に入るのはむずかしい。繰り返すが、らくだが針の穴を通るほうが金持ちが神の国へ入るよりはやさしい」と言ったにもかかわらず。

金持ちだけではない。資本が力を持った時点で需要のある商品が力となり、特に大きく商品を所有する企業や人が優位に立ち、果ては店の従業員やアルバイトまでその資本の力は末端の者にまで影響する。そうやってすべての者がなにに対しても経済の冷酷な物差しでものごとを測ろうとする。

かつては街頭の監視カメラなど国家権力の範疇にあったものが、世の中が機械化するにつれて一般に人々のプライバシーを扱えるようになってきた。もちろん犯罪抑止は必要だ。しかし、企業や店舗の運営のあらゆるものを機械に任せるとなれば、人はなにをすればいいかというと機械と顧客を監視するしかない。そうした他者に対する疑念は、人によっては差別的な感情を生み出し、同時に個人情報もその他大勢の中の単なる物として冷たく扱われることになる。

人間性の喪失の危険性は大量生産のはじめから存在していたものだが、機械化によってまたそれがさらにはっきりと姿を現してしまう。人間は弱いもので、特に不満の多い虐げられた者どうしで監視し合い、自分の方がましだとお互いに見下げ合うようになる。

そして人の権利を奪うことをある種の人々は我々の権利と呼びはじめる。その冷酷さが過重労働やセクハラやパワハラになり、人間どうしでは蔑(さげす)み合いになり、格差が社会に広がり、国どうしでは戦争になる。

商品やサービスの値段にしても、商品価格は需要と供給のバランスによって決まるのだという人がいるかもしれない。しかしそれは表向きだけで、実際には商品を持っている者が値段を勝手に決めることができる。すべてを決定できるのは資本を持った者で、資本を持たない者は決定権を持たない。選択権さえ持たないかもしれない。社会の中で気づかないうちに従順に従うしかない人間と、あらゆることを決定することのできる優位者とに分かれ、溝ができてしまう。決定権を持つ者はその他の人々を信用しなくなり、決定権を譲ろうとはしない。たとえ話し合いの場であっても、実際には席の一つも空けようとはしなくなるだろう。

貧しい人びとを生み出す社会は、ロシアの文豪ドストエフスキーの著作『罪と罰』の主人公ラスコリニコフと金貸しの老女の間に起こったような悲劇を生み出さないとは限らない。老女は決して金持ちではなかったし、身寄りがなかったはず。決して与えない社会では、与えられない人間どうしで次第に心がすさんでいく。

貧しき人びととの一方で、世界のごく一部の特権階級のみが富み、その地位を譲ることなく生きながらえている。特権階級や企業は利益を分け与えることを渋りはじめ、貧しい人びとはその被差別のフラストレーションを身近な人間にぶつける。権力者にとっては自分に怒りの矛先が向かうよりは、家庭内や同じ境遇の者どうしで争っていてくれれば、その方が都合がいい。

都市は、特に富む者の地域は、潔癖で無機質で、そこに生きる生身の人間のエネルギーが感じられなくなってきた。人間がいかに貧しかろうと、合理性というもので蓋をしてしまう。現代のラスコリニコフはボロ着のままでは外を歩けなくなっているのだ。

たとえば温暖化防止などだけに注目し広報することで、世界の真の問題点を世間の目から覆い隠してしまうことになるかもしれない。本当の問題はもっと大きな社会の仕組みの中にある。社会システムは人の思想からきている。思想は人の生き方であり、問題は人の心の中にこそある。近代社会の原動力である資本主義や経済至上主義、発展主義などの人の生き方の中にある。

国も社会も企業も個人もあらゆる集団も、先に優位になった者、富を独占した者は人々に富を開放しなければならない。もともとあった物を、もとの人たちに戻さなければならない。見せかけの人類愛で社会をつくり直そうとしても、聖書にある隣人を愛せよという愛がなければなにも意味をなさない。隣人とはとなりではなく、世界のすべての人を隣人と呼ぶべきで、地球規模で見たらいかなる問題も他人事ではなく、実際それは自分事なのだから。

神は人に平等であり、すべての人に恵みを受け取る権利がある。にもかかわらず世界がしてきたことがカルマとなり、長い歴史の中で蓄積してきた負のカルマが返済期限の切れそうな人類の繁栄にいま、重くのしかかっている。

誘惑を止めるもの

富を手に入れているうちに、人間にかつてのアダムとイブが経験したような誘惑が襲ってきた。目の前の果実に手を伸ばしかけ、神の忠告を思い出して手を止める。

そうやってかつて人類は禁断の果実に手を出さずにいた。しかし、蛇が私たちを誘惑する。蛇は悪魔の化身か、それとも自分自身の心の奥底に眠る邪心なのか。

いずれにしろ誘惑に負けるのはそのひと本人の「心」に違いない。

> 計算高いものは卑怯者である。なぜかというと、計算というのは損得ずくのものなので、いつでも損得の考えがなくならないものだからである。（中略）また学問のある者は、才知にたけ、弁舌のさわやかさで、臆病とか、欲得の心とかいった本音をかくしているのである。
>
> ――『葉隠』（山本常朝著）注：『葉隠入門』（三島由紀夫著）からの引用

この江戸中期の武士の考えによると、経済活動や利益優先の政治活動すべては卑怯者の所業ということになる。たしかに計算ずくとは、計画的とか思慮深いということとはまったく意味が違う、なんらかの利益を得るための意地悪い「本音を隠している」ものなのだ。

しかし庶民にとっては、お金の計算をしなければ現実の生活が成り立たない。思うように稼げなくなった現代人は、このジレンマに長い間さいなまれている。そして、計算ずくで損得の計算をしないものは、損をして置いていかれると恐れている。

ハリウッドのモノクローム映画『スミス都へ行く』の主人公ジェームス・スチュアートのように、かつてのアメリカの理想では精神の高潔さと心の純粋さが、唯一権力者の誘惑や欲望に対抗できる勇気だった。本来アメリカの伝統的小説は、主人公の心の純粋さを謳ってきた。その純粋さによって悪や権力に立ち向かう主人公は、高潔で正直な新しい自由人の誇り高い姿でもあった。しかし水は放っておくと濁り、腐る。特に暖かい「陽の当たる場所」でそれは起こる。

東洋の仏教では煩悩を滅し、はじめから誘惑や欲望にはかかわらない姿勢をとった。しかし、出家しない現代人にはそれはほぼ不可能なことになってきている。

その「心」の勇気を支えるのがかつては宗教だった。映画の中でも、誇り高く強い男は自分たちの宗教を信じる誠実な男だった。そしてその宗教は、お金の魔物から主人公を守ってくれたものだった。彼らはモーゼのように苦悩し、腐敗やまやかしを拒絶し、それを世に暴き出し、信念を貫いた。そうすることが人々の理想だった。正義のドラマは愛から生まれ、苦や悪のドラマはお金から生まれる。本来お金は良くも悪くもないただの人間の道具だが、人間の心がお金を善にも悪にもする。

世界は今まで、個人の「良心」や「勇気」だけに欲を制する方法を頼ってしまっていた。しかし、その唯一の方法も今では完全に力を失っている。もっとも、はじめから人類全体の問題である抗うことの困難な社会的欲望、つまり資本主義の怪物を、個人の意思の力でどうにかするなどということは到底無理だったのかもしれない。

お金と生き方

かなしいかな。やがてその時は来るだろう、人間がもはやどんな星をも産み出さなくなる時が。かなしいかな。最も軽蔑すべき人間の時代が来るだろう、もはや自分自身を軽蔑することのできない人間の時代が来るだろう。

――『世界の名著 46 ニーチェ ツァラトゥストラ』（ニーチェ著）

我々の快楽にはすべてお金が関係している。お金は物質であり、お金は物質を生む。生きるためにお金があった方がいい。しかし「生きる意味」にお金は関係ない。生きていくために生きるのより、生命を輝かせるために生きた方がいいに決まっている。

これからＡＩによる機械化が進むなら、なおさら人々はお金を手に入れる手段、生活の手段を失ってしまう。どうしても分け与える気持ちが人間には必要になる。

旧約聖書のカインとアベルは農耕民と遊牧民とされているが、ヘブライ語でカインとは鍛冶屋など意味し、アベルは霊とか命とされているらしい。鍛冶屋であるカインは近代的物質主義を表わし、アベルは精神世界に忠実な魂を意味すると考えられる。人間性を失ってまでも労働が賛美されるようになったのは、支配者や資本家など人間側の理屈からはじまっているのであり、神はアベルの自由な魂を尊重した。

運命を信じ、神に委ね、導きに従って幼な子のように明るく思うままに使命と幸福の中に創造的に生きる。神はそういう魂を愛し、導く。

カインの供物を無視したことは、競争社会などで他者を容易に妬みかねない古い生き方を否定しているのかもしれない。「牛飼いが他人の牛を数えているように。かれは修行者の部類に入らない」と仏陀が言ったように、妬みは決して神に受け入れられることはない。


林の中で、縛られていない鹿が食物を求めて欲するところに赴(おもむ)くように、聡明な人は独立自由を目指して、犀の角のようにただ独り歩め。

——『ブッダのことば　スッタニパータ』(中村元訳)

生きる意味がお金があることであると勘違いさせられた人々は、生きる意味となったお金を失ったとき、生きることも無意味になってしまいかねない。

映画の中ではよく、生真面目で勤勉なサラリーマン、あるいは冷徹なビジネスマンや大金持ちが財産のすべてを失った後に自由奔放なアウトサイダーと出会い、本当の自分を発見して人生を取り戻すというストーリーが描かれる。人間はお金より大事なものがあることを簡単に忘れてしまうのだ。

資本主義の罪は、お金がないと生きていけない世の中のシステムをつくったこと。もちろん先人は「働かざるもの食うべからず」と言っただろう。けれども、そのような生きるか死ぬかの厳しい世界がエデンの園にあると思うだろうか。

理想郷は夢物語ではない。必ず実現できるはず。

資本主義経済が、購買能力のある人間を増やすため個々人の権利と自由を主張した、代りに人は孤立し孤独になり過酷な競争に飲み込まれ、次第に誰もが他者に冷たくなった。資本主義経済は合理的に見えて人間性とは矛盾するのだ。人間の愛の精神とは矛盾する。

資本主義社会でお金を頼りにする人々は「自分は一人で生きてきた」、「一人でも生きていける」、「自分の成功は自分で掴んだ」、もしくは逆に「誰でも一人で生きていけるはず」、「すべて自分の責任だ」という考えに陥ってしまう。昔はそれらは、傲慢な大金持ちにしかなかった発想だった。それが今は、ほとんど誰もがその考えに毒されている。その考えを覆そうとして人々は変革を起こしてきたはずなのに。

資本主義の思考は伝統的な国や民族の共存共栄意識もひっくり返した。かつては仲間どうしの思いやりとたすけ合いが彼らの人間としての誇りだった。それがやがて、若者も激しい競争の渦の中に巻き込まれ、自分のことだけで精いっぱいになった。狭い部屋で共存しながらも足を引っ張り合い、他者を蹴落として、真冬の冷たいシャワーを浴びながら嫉妬の苦しみの中に生きるようになった。

自由を勝ち取ったフランスのパリでさえ、二〇〇〇年ミレニアムの年明けにはまるで一九〇〇年のように大勢の若者が横一列になって手を繋ぎ、大声で歌を歌い行進しながらあのアルマ橋の闇から這い上がってきたのに。やがて夜が明け、そして誰もいなくなった。

現代の若者は現代しか知らない。テクノロジーのおかげで近代化が急激に進んだ今の文明が、突然現れたかのように感じる。彼らはそういった環境にいきなり放り込まれたようなもの。歴史の流れも成り立ちも、本当の自由さえも知らない。そういった若者は大人の社会のカモにされる。なにも知らないと利用される。若者は大人の屁理屈に便乗してはいけない、染まってはいけない。本当の生き方を知っているだけではいけない。自らがその模範となるべきだ。若者は変革への力を持っているのだから。

皆マイナスからはじまっている

気づいていなくても、社会の裏側で、他人の幸せを支えるために苦しむ人々がいる。安くて手軽な商品や作物をつくるために、他国の安価な労働力で大量生産し、私たちは彼らの過酷な労働や生活の犠牲の恩恵を受けて生活している。

仏陀は殺生する人も、それを頼む人も、それを見て喜ぶ人も、みな罪人なのだと言う。人間はすべての人が、生まれた時点でそういった因縁から逃れることができない生き物なのだ。まるでキリスト教の原罪のように、生まれもってその罪は誰にでも存在している。人間なら人間は皆、スタートはマイナスからはじまっている。

人は幸せを求めて生きるが、一見幸せそうに見える人の幸せも、誰かの幸せを犠牲にして成り立っているかもしれない。他人を搾取したり悪口や嫌がらせをする人はもってのほかだが、誰かの不幸を見ない振りをしたり嘲笑ったりしても、その人は罪を犯している。

一見幸せそうな文明国のアメリカでも、多くの若者が差別やこの苦しみに悩んでいる。よく人は人を笑う。本来は逆のはずだが、笑うことによって笑われた相手は社会的な力を失い、信用されなくなる。笑うことはその人の意見や存在を否定する行為であり、アメリカの心霊診断家であるエドガー・ケイシーも言うように、笑った者には必ずカルマが返ってくる。

世の中は金持ちがますます豊かになり、貧しいものがますます貧しくなる。

そのためにどれだけ世界中の貧しい人たちを犠牲にしていることか。それがさらに世界に広がり、やがて他人事ではなくなる。犠牲になる側がいつ自分の身に降りかかって来るかもわからないのだ。途上国の国民ははじめから貧しかったのではない。西洋式経済が人を貧しくする。人を病気にしたり、家族を失ったり、心まで貧しくして人生に苦しみを与える。

数十年前、統計的に貧困は減っているというレポートがあったが、わずか数パーセント減っているだけで現実問題として「減っている」、「改善されている」とは決して言えない。そこには苦しんでいる生身の人々が大勢いるのだ。生活は破壊され、以前の平和で幸せな生活が取り戻せないでいることはもちろん、人間としての基本的人権や尊厳まで失い、命の危険に日常的にさらされながら、犯罪や戦争のはびこる貧しい地域で暮らさなければならなくなっている。しかもそれらは決して彼らが望んだことではない。

数字は現実かもしれないが、現実は数字ではない。

植民地だった国の人々は奴隷の生活から解放されたのだというが、彼らは新たな見えない鎖につながれている。それを嗜好品や娯楽で日々の苦痛をやり過ごせと言っても、娯楽にとっても荷が重すぎるだろう。

それらはすべて先進国に責任がある。途上国を貧しいと言うが、貧しいのではなく彼らは被害者なのだ。人間は本来、受動的な存在ではなく能動的存在なのだ。社会的に受動的になっている者はみんな被害者なのだ。


すべての貧困に苦しむ人々の苦痛は、我々の目には見えないところに蓋をされている。そして貧困にあえぐ人々にも、真に富める者の実態は隠されている。

日本のホームドラマでも昔は貧しい家庭が描かれていた。主人公が生活の苦しさと不甲斐なさに涙を流したが、バブル期を過ぎた頃から、お茶の間の主人公はお手軽な男女の恋愛にしか涙を流さなくなっていた。しかし、現実の生活ではお金に関する社会的苦痛は今でも世の中に満ち溢れている。

人間が生まれた時点で、自分の気づかないところで罪を犯し、たとえマイナスからはじまっているとしても、自分をプラスに変えていく努力をするのが人間であり、人生での学びではないだろうか。各個人がそれを実現するには、もう社会全体を変えていくしかないところまできている。社会を改善するために我々の歴史はあった。しかしその社会の裏側で、別のベクトルを持って動いているものがある。

私たち世界中の人々が実権を持たない限り、社会はまだ発展途上にあるのだ。それを完成させることこそ、この世に生まれたすべての人間の使命なのかもしれない。

繰り返される歴史

賢者は、両極端に対する欲望を制し、（感官と対象との）接触を知りつくして、貪ることなく、自責の念にかられるような悪い行いをしないで、見聞きすることがらに汚(けが)されない。想いを知りつくして、激流を渡れ。

——『ブッダのことば　スッタニパータ』（中村元訳）

ネイティブ・アメリカンはなにも所有しない。地上のものはすべて神のものだとしてお互いに分け与える「ギブ・アウェイ」の精神を先祖から引き継いでいる。

資本主義の社会は結局、誰かが人よりも余計に富を持ち、また持てる以上に持ち、その富を持つ者は権力を持つ。そして権力を得た者は、その権力で社会を自由にしてしまう。

歴史上、搾取や奪い合いが国家間や民族の間、人々の間で何度も繰り返されている。

かつて奪われた者たちが、先に奪って大きく潤った者たちに対して奪い返すために、その手管を彼らに学び、彼ら以上に上手なやり方でやり返す。

力の強い先進国の言うことを聞くしかなかった国は次第に富を得、十分力を持った途端にかつての彼らと同じように逆に搾取しはじめる。まるで親から子へ伝わるＤＶの連鎖のように。悪いことをした先人が、後進の悪い見本になっている。後から続くものはそれを悪いことだとは思わない。なぜなら前例があり、近代社会はそのようにつくられたのだから。

映画『時計仕掛けのオレンジ』は、世界が歴史でいかに醜悪なことを犯してきたかを表している。かつての暴君であるいじめっ子の主人公アレックスが、かつてのいじめられっ子たちに立場が逆転した後やり返される。アレックスが科学による洗脳でたとえ更生したように見えても、機械による洗脳が解ければすべてがもとのもくあみとなる。結局彼は少しも反省などしていなかったし、なにも更生などしていなかった。かえって彼が狂気へと返ったときに、完治したと世間は言い、そして双方に利益が合致したとき、暴力は許される。

人類も彼と同じように、経験からなにも学んでいない。人は悪事を学ぶのではなく、愛を学ぶべきなのだ。心で学ぶことは他人には強要できない。心で学ぶことを、科学で強要も統制もできない。教え導くだけではなく、実際に社会が平和でなければ、脆弱(ぜいじゃく)な社会の基盤はなにも支えることはできない。

愛のある社会を実現するには、現実的に少しずつでも世の中を良くしていく必要がある。その手本は時代の先を生きる人間、つまり責任ある大人が率先して示さなければならない。そして まだ人から奪おうと考える者たちも、社会的に癒され、純粋性を取り戻さなければならない。世界には「ギブ・アウェイ」の精神が必要なのだ。愛の交換によって人々の傷ついた心が癒される必要があるのだ。そしていかなる国も人も、閉鎖的な考えを止めてすべてをオープンにし、お互いに信頼し合い、その信頼によって国や世界が自立し、世界をつくり直す。すべての人が平和を願う「成熟した魂」を持つことが必要になってくる。

憎しみは憎しみを生む

ブルース・リー原案の、カンフーを題材にしたアメリカのテレビドラマの中で、「憎しみは憎しみを呼び、終わることがない」というようなセリフがあったように思う。

現実には、やられたらやり返す堂々巡りの中で人の憎しみは決して終わらない。

動物や自然は、人類の犠牲になって絶滅してもやり返したり文句を言う訳にはいかない。地球の資源を人間がいくら無駄遣いし、枯渇させてしまったとしても、自然は人間に文句を言えないのだ。

しかし、すべての生き物や大いなる自然の背後にはそれを創造した神が存在し、いつその自然のしっぺ返しが起こるのかを誰もが心の奥底で恐れている。それが天変地異やハルマゲドンだとかで本当に起こったときには、人間には手の施しようがないことになる。

シートン動物記による『峰の王者クラッグ』のロッキーマウンテンの勇猛な羊クラッグのように、自然は死してなお人間に復讐する。それは「カルマ」であり、人は自分たちがなにをしたかをはっきり自覚している。

仏陀やキリストが、実際に生きて教え諭したように「足るを知り」、この世界に感謝する必要がある。なにも我慢して質素な生活をしろと言う訳ではない。ありのままでいいのだ。仏陀もキリストも、原始仏典や聖書にあるように神の恵みを素直に受け取っていたはず。

仏陀はすべてのものは「無常」であると説いた。

ネイティブ・アメリカンは、世界のすべてのもののつながりには終わりがなく、人生には終わりがないと語った。この二つは一見矛盾しているように聞こえるかもしれないが同じ意味である。常ならぬものはそこで終わりではない。無常であるということは変化しながらも続いていくということ。

エネルギーも形を変えながら永遠に続いていく。人間の魂も、神の世界も、宇宙も、続いていくのならもう無責任なことはできないはずだ。人間も自然や神の一部なのだから。

貧富の差に与える精神

たとえ表向きは国どうしの争いに見えたとしても、根本的に貧富の格差が争いのもととなっている。富める国もそれ以上に奪おうとする。格差を生み出し、争いを引き出し、覇権争いに乗り出す。人種問題にしても、抑圧されている民族は差別視され、経済的苦境に追いやられている。文化の違いや慣習的な問題、地理的条件などが縛りになり経済活動が制限されている国や民族もあるだろう。しかし結局のところ、富むか貧するかで世界は争っている。

充分持っているにもかかわらず、持てる者はさらに貪欲に持とうとする。成功者は頭の片隅にも罪悪感を覚えないかもしれないが、貧困にあえぐ国の人々は毎日そのことを思い、悔し泣きし、届かない声で訴えかけている。

争った結果良いものが残り、文明はさらに発展する、人類の歴史はそれを繰り返してきたのだという。しかしそのような理屈は勝者の論理であって、単に過激で破壊的な競争社会を肯定することでしかない。我々現代人はすでにそこからなにも見出すことはできない。

我々はなにより繰り返す愚かなことどもを止め、歴史上起こった暴力的なことから手を切らなければならないのだ。奪う精神からは手を切って、まったく新しい道へ踏み出さなければならない。今の西洋が悪いと言っているのではなく、社会にカルマとして残るその根本的考え方がスタート地点から間違っていたのだ。すべては考えから生じ、心から生じている。

仏陀は考えただけでカルマとなると言った。手を下していなくても、惑わしたり、憎んだり、嫌ったり、嘘をついて混乱させたり、自分だけ得をしたり、濡れ衣を着せたり、罪を犯したりする。そういった考えを持つこと自体が罪であると。

世界の国々は互いに意見が食い違い、イデオロギーの違いに収拾がつくことはない。しかし、お互いがお互いに理があり、間違っていることもあり、間違っていないこともある。だからこそまとまることなく意見の違いは続く。間違いが間違いをお互いに否定している。

イデオロギーだけの問題ではない。それぞれが行っている倫理に反した行い、それに歴史においての復讐心まで絡んでくる。そして口には出さないが資源や利益の問題まで。

仏陀は誰の意見にも左右されず、自分自身で考え、両極端にとらわれず中道を行けと言った。しかもその中間にも囚われることがないようにと。

その中道の思想は東洋にある。

奪う精神と真逆なものと言えば与える精神だ。奪う歴史がやってきたことは、当然愛ではなく、神の道理にかなうものではない。これから先は与える社会にしていかなければならない。与えれば返ってくる。愛の精神で与えればそれが中道になり「和」の精神となる。

そして奪うものと奪おうとするものを絶対に許さない。それは大げさなヒステリーや怒りではなく、平和で普通の人々のごく当たり前の権利なのだ。

歴史は繰り返す。憎しみは繰り返すだけで、その場所にとどまり、そこから逃れられなくなる。人間の魂の進化は堂々巡りして同じ所に足止めを食らい、決して進歩することはない。

愚かなことを繰り返すほどただ愚かなことはない。それをはじめたことへの罪を、全員で償わなければならない。

人生で必要なのは愛だけ

男の社会的な能力とは思いやりの能力である。

——『葉隠入門』（三島由紀夫著）

スタートラインの平等は、民主主義の基本でもある。スタートラインといっても画一化を指しているのでもないし、競争を促しているのでもない。木々が芽吹いて大きく育つように、それぞれに良く育つ教育と環境の土壌を整備しようということ。

男女が平等であるが同質ではないように、すべての人も個性や特質、望む人生も違うのだから、それぞれに違った形で大きく育つようにあっていい。平等とは心の豊かさや受ける愛情に差別がないということ。誰もがその社会において思い切り個性を伸ばすことができ、堅実な人生を謳歌できること。

すべての人の関係はまず平等からはじまるべき。それはキリストの言う愛からはじまる。愛がなければ平和な社会をつくり出すことはできない。愛は人としての尊重からはじまる。尊重は相手に対する理解。はじめに理解がなければなにもはじまらない。

人が志（こころざし）を失ってしまうような社会をつくったことは社会として罪である。社会が嘘を重ねれば人々の志をゆがめてしまう。嘘がはびこれば社会が汚れる。人が正直に変わることに時間がかかってしまっては、その間に多くの人々が苦しむことになる。この資本主義社会では、誰もが不安と恐怖にさいなまれている。

世界のあらゆる国や民族、国民が各々の文化や独自性を保ち、お互いに利益や誇りを守ることが公平に評価されながら、心から対等でたすけ合う世界を実現しなければ、結局歴史で繰り返した過ちの繰り返しになる。そして個人の魂もこの世に生を受けたにもかかわらず、先人が犯した間違いと変わり映えしない欲にまみれ、憎悪や嫉妬の中で身もだえて苦しまなければならないことになる。

歴史で大勢の人が繰り返してきた同じような悪事や失敗を自分からわざわざ経験し直したいと思うだろうか？　それは苦痛を生み出すだけで、きっと自分にも、自分の愛する人にもそんな経験はさせたくないと思うはず。それらは人類にとってまったく学ぶ必要のない無駄なものであり、同時に神の計画にはもともと無いはずのものなのだ。

人類は愛こそを学ばなければならない。

愛こそが神の計画であり、人間がこの世に生まれてきてから自身だけが体験できる真に価値のある新鮮な感情なのだ。それ以外は創世記のはじめから繰り返されてきたまったく必要のないドロドロした気分の悪いもの。カインの嫉妬のように神に祝福されることのない感情なのだ。

愛の感情は前向きで明るく、そして暖かいはず。

人は苦痛を学ぶ必要はない、愛だけを学べばいい、愛を学ぶうえでもいろいろな人生の課題に遭遇するだろう、喜びも経験するだろう。学ぶことは山ほどある。人は愛の感情も先人たちが歴史の中で繰り返し経験してきたことを思い出さなければならない。

この世に生まれた以上、個人的に体験できる最大限の感情である愛の光の経験に人生を捧げるべきなのだ。

東洋に学ぶ

二元論で成立している世界では、特に西洋世界は極端な二つの状況をつくり出し、その両極端の葛藤から発展してきた。自然と科学、善と悪、男性性と女性性、富と貧困、権力者と従者。アメリカの世相は特にそうで、両極端の葛藤からなにかを学ぼうとしているようにも見えるが、勝者の論理が最終的に独走し、学びは得られていないかのように争いが繰り返されている。

学びは苦痛からしか生まれないのではない。両極端を乗り越えた柔和な世界が本当の世界の姿であって、葛藤や争いでしか人は人生から学べないのではない。

鷹が自由に空を舞い飛ぶような、仏陀の説いた中道が世界の隅々に広まるべきだ。「毒をもって毒を制す」と言っては言い過ぎだろうが、西洋型社会の問題は「民主主義」という西洋文明の利点で補うしかないのだろうか。今のままの民主主義ではだめだろうが、せめてもの救いに民主主義には愛がある。

私たちは西洋人が勝ち取った自由と民主主義にあこがれて近代社会を受け入れてきたし、生活の辛苦にも耐えてきた。自由と民主主義は常にヒーローだった。私たちは今、お金の世界から愛の世界へと移り住まなければならない。

これからの世の中は、西洋式の白か黒かで極端に偏るような社会ではなく、鷹揚な考えにもとづく自由と平等が社会の基礎にならなければならない。私たちは欲にまみれた奪い合う世界から抜け出して、決して男社会の殴り合いのコミュニケーションではなく、ダンスを踊るように人とつき合わなければならないのだ。それには受動から能動へと一人ひとりがモードを切り替えることが必要だ。そしてそのモードが切り替わった人々の力が、きっと世界を変えるだろう。

人類は、人間社会の勝手な論理だけで人間社会のみならず、自然や地球、果ては宇宙の論理まで破滅させようとしている。我々の命をはぐくむ自然や宇宙への敬意、つまりこの世への敬意なしには人間としての自由も愛もかなうことはない。現在の社会は、宇宙や自然への畏怖の念と敬意をないがしろにして、人間の独断で世界を発展させようとしている。

強欲な自我を抱えたまま、平和や自然保護などを訴えても絵に描いた餅でしかない。現代社会すべてが西洋のルールに従ってできている。世界中がその西洋の資本主義の前にひれ伏してしまっている。しかし、それは本心からではない。

ネイティブ・アメリカンなどに代表される真理と共に生きるすべての民族にとって、それは決して自ら望んだ訳ではなく、力でねじ伏せられ仕方なく従った経緯がある。同時に我々から望んで失ったものも数えきれないだろう。

人類は世界の本当の姿を考え直すことを、妥協や打算によってずっと先送りにしている。物質主義に偏った考え方のままでは世界は平和にならない。これからは西洋も東洋に学ばなければならない。今からでも遅くない、自然と共存する、神と共にあるすばらしいすべての民族から知恵を求め、学び直さなければならない。彼らの知らない生き方を、凝り固まった頭を柔軟にする考えを、西洋は東洋から学びバランスを取り戻さなければならない。

西洋は物質主義の社会であり、東洋は精神主義的な心を大切にする社会である。世界はその二つでできている。その二つは分離し、独立して存在するものではなく、共に共存するものなのだ。ヨーロッパの印象派の画家たちが自然の美から学び、日本の浮世絵を見て霊感を得たように、人類は母なる自然である宇宙から素直に学ばなければならない。創造主は自然の側にあり、真理は宇宙にこそあるのだから。

世界的に見ても日本だけ特異な文化を持っている。人の性格も大きく違う。正直言えば、他の国々の人々は直接的表現を用い、激しくわかりやすい感情を持っている。日本はたしかに一般的には穏やかで平和的な国民だろう。私たち人類すべては、「和をもって貴し」としなければならない。

たしかにこの世は物質世界であり、それを経験するために我々はこの地上に生まれた。しかし物質に必要以上に執着するべきではない。そこからはなにも生まれないし、なにも学べない。

愛の体験はアナログの温かい手触りの中にこそあるはずなのに、その愛を乞うために、堅く冷たい物質に固執してしまっては本末転倒ではないか。

楽しむことは大切なことだが、愛は快楽ではない。我々人類にはなによりお互いへの愛が必要なのだ。愛こそがこの世で最も価値あるものなのだ。すべて人間自身にかかっている。

この世は「因果応報」ならば、良い原因となるカルマを積み重ねなければならない。だからこそ人類は、平和な世界を築き上げ、それを継続する努力を続けなければならない。悪いカルマに打ち勝つべく、良いカルマを生まなければならない。

人間は自分でやれることと、神の愛にすがってもよいこととを勘違いしている。ほとんど人間が自分で勝手になんとかしようとすることは欲望や執着でしかない。もっと人間は自然体でいい、神に任せていいのだ。

エデンの園とはいかないまでも、神のたすけを借りつつ「天上の世界をこの地上に実現する」。それこそが人間の使命なのではないか。

3・恐怖からゆとりの社会へ

誇り

歴史の中で戦いたくなくても戦わざるを得なかった善良な者たちにとって、戦うことは多くの場合生き残るために仕方のないことだった。ネイティブ・アメリカンは誇り高い民族で外圧に屈しなかったが、戦って多くを失った。

タイや維新時の日本はなんとか植民地化されず生き残った。そして残った資本を元手に発展することを選んだ。しかし、自然と共に生きたネイティブ・アメリカンたちは、西洋の強要する世界観では自分たちが発展できないことをよくわかっていたのだろう。

人々は熱くなりやすいが、自分がいったいなにに突き動かされて動いているのか確認する必要がある時代になった。他人の考えに振り回されていないか、本当の自分の意見はどこにあるのか、どうすればうまくいくのか、今までため込んでいた智慧を働かせる必要がある。

ネイティブ・アメリカンのように平和のために戦わなければならないときもあるだろう。そういうときは往々にして相手が自我と欲望にまみれ戦うことしか考えていないときだ。

そうした歴史を通過しても、ネイティブ・アメリカンの祖先からの誇りと伝統は今もまだそこにある。では、世界の人々の誇りは今どこにあるのか。タイでも素朴だった人々が都会人と化し、日本では特に、現代人の誇りは都会のコンクリートの下に押しつぶされ、埋もれてしまっている。

恐れが暴力となる

争いが起こる原因には、欲と同様、他者への見えない恐怖がある。

カルマやトラウマがある者は、何気ないことにも自ら恐怖と幻影を生み出す。歴史に見るように、西洋型経済社会はそれ自体が負のカルマを背負っている。未知のもの、自分より美しいもの、誇り高いもの、歴史と伝統のあるもの、そのすべてに対して実際以上に恐れる。

ベトナム戦争を描いたアメリカ映画『プラトーン』のごく普通の主人公も、緊迫した状況にあれば顔面神経にマヒを持つ民間人を見て自分を笑っているのだと思い込み、足もとに狂ったように連射してしまう。人ははじめて見たものや理解不能なものに不安や恐怖を感じる。危険や不安を感じることによって、恐怖はすぐさま怒りとなり、怒りによって脳内で自分は臆病者ではないのだと正当化してしまう。実際は卑怯で卑劣な小心者でしかないのに。たとえどんなにマッチョであっても、どんなに勇敢な争いであっても恐怖が怒りを呼んでいるだけ。

恐怖はなんでもないものにまで憑(と)りつき、疑いを起こす。疑いは人を疑心暗鬼にし、さらなる恐怖に陥れる。いったん疑いの世界に陥ると、この暗闇には鬼が潜んでいるのではないかと恐れる。そうしたときこそ、自分の中に恐れを感じる種がはじめからなかったかどうか考えるべきなのだ。

戦場は人間性を失わせてしまう。日本の武士は、このような戦場での非人間的な臆病や卑怯な行いを「武士の風上(かざかみ)にも置けぬ者」と言って一番に嫌悪した。そのため常に冷静であるように自分の精神を鍛えた。いかなる場合にも平常心であるように、たとえ戦場においても敵に対して慈悲深いように。

自分の敵である相手を尊敬し、礼節を施すことが武士にとっての一番の力だった。ゆえに武士は仏教の禅を好んだ。自ら精神を高めるために禅を行い修練した。それは戦場で戦う単なる野蛮人に成り下がることを断固として拒否する誇り高い人間としての態度だった。誇りを失った人間は卑しい。だからこそ心にゆとりを欲するのだ。

禅は恐怖や怒りを抑えるためにある。そして慈悲の心をはぐくむためにもある。

人間は特殊な環境に放り込まれたりストレスが加わった場合、簡単に理性を失ってしまう。洗練されたスーツに身を包み、ゆとりを装っている経済という亡霊たちでさえ、懐を開けば恐怖や欲望が渦巻いている。経済は人々の競争心を掻き立て、次から次へと経済活動を拡大させ資本増大を謀る。そしてその集団が国家となり、国家が力を持ち、果ては集団の力によって差別や争いに発展する。

人間の愚かさに比べたら、自然の法に従って生きるサルの方がまだましなのかもしれない。

またかつてあなたがたは猿であった。
しかも、いまも人間は、どんな猿にくらべてもそれ以上に猿である。

——『世界の名著46 ニーチェ ツァラトゥストラ』(ニーチェ著)

ヒトラーの破滅思考

「金の切れ目が縁の切れ目」と日本では言う。

戦争には資金が必要だ。金がなければ力がない、力がなければ負けるしかない。誰かがアドルフ・ヒトラーに大量の資金援助をしていたとして、それがいきなり断ち切られたとしたら。彼は自分が負けてすべてを失うことを恐れ、日々その恐怖と闘いながら生きながらえていたのかもしれない。彼の命綱ははじめから断たれていたのだ。

彼は境遇を憎み、自分の信じる価値に見合わないその社会的評価に失望した結果、世の中を恨み、自意識を保つために嘘を重ね、次第に疑心暗鬼にもなり自らを破滅に追いやった。彼の場合、周りから見たあるべき自分の理想像に執着しているのだ。人が雑念の赴くまま行動すれば雑念が現実となり、やがて自分がつくり出したその亡霊から逃れられなくなる。雑念とは事実ではない無駄な考え。人は物にも、自分の考えにさえも執着する。だから実体のない考えに執着した場合、それが執着であることに気づきにくいのだ。

歴史上あってはならない出来事が何度も繰り返されてきた。もっとも嫌悪すべきことは、一般の女性、子供、老人など弱い者を巻き込み犠牲にしてしまうことだ。

人類史上最悪のことどもは、すべて個人的な恨みや憎しみ、そして心の貧しさから来るゆがんだ社会への復讐心から起こっている。ほとんどのその原因は、本来外界の世界とは関係ない、他の人間にはかかわりのないつまらない個人的な理由なのだ。彼らは個人的な事柄への復讐に燃えている。それはいかなる罪においても、ビジネスや人間関係上の罪においても。被害にあった人間はその妬みや恨みには直接関係がないのだ。

精神的に孤立したそういった人物にとって、敵対すべき他者は自分の外界である社会となる。自分にはコントロールできない状況を突きつけてくるのはいつも外界なのだ。そして、その個人的な遺恨は大いに社会に関係している。個人的な憎しみや苦痛は社会から発生したと言えるかもしれない。社会、あるいは子供の頃の教育環境に原因があるとしても、もちろん本人の罪は重い。しかし、たとえまったくの個人的な苦痛であったとしても、はじめから間違った考えが浮かばないように幸福で人を善へ導くような社会でなければならないのではないだろうか。

ひょっとしたら、はじめは政治の世界で活躍することは誰かのため、世界のためになることだとヒトラーは信じたのかもしれない。しかし彼は、自分自身のエゴ（自我）のためにそれを行っただけだった。彼は間違った方向へ進み、暗黒の沼に足を踏み入れてしまった。

社会がその憎しみの種をつくり出したとするなら、社会がまたそのような人物をつくり出すかもしれない。そういった人は自分自身の信念に燃えている。死を前にして生きる理由を得たのだから。しかし闇からは闇しか生まない。それは死や破壊へと向かう道でしかない。ごく普通の人間というものが、そこで他者と大きく道を分かつことになる。

誰かの憎しみをつくり出さないようにする社会を創造しなければならない。自分の境遇があまりにも酷いものなら、すべてを他人のせいにして他人を攻撃することで自分の身を守ろうとするだろう。しかし、その前に素直に人にたすけを求め、国にたすけを求め、救われる社会でなければならない。それがたとえ他人がたすけられないような問題であったとしても。その問題をはじめからつくり出さないような社会を、つくらなければならない。

破滅しそうになったら誰かを頼ればいいが、誰もたすけてくれなかったり、たすけてくれると思った人間に裏切られたりすると完全に道は閉ざされる。映画『パピヨン』の修道師の女性のように、教会にたすけを求めて逃げ込んだ主人公を一方的に悪人と決めつけてしまう。その人の最後の救いとなるはずだったものが失望に変わるとき、世の中で一番暗く激しい感情をつくり出す。

人間は思い込みで間違いを起こすし、世間の常識や立場によって判断を誤る。まずは一人ひとりが誠実に相手の身になって職務を行い、まっとうな世の中をつくること。悪いことには手を貸さない、間違ったことには正々堂々と拒否をすること。

もしそれらを拒否して誰もたすけてくれなかったとしたら、その間違った社会を変えるきっかけを与えられたのかもしれない。それがその人の使命になるかもしれない。自分がすべて背負い込むことはないが、そういった仕事を見つけられたなら喜びと共に仕事ができるに違いない。誰もが幸せに、自分の人生を捧げられるくらいの満ち足りた仕事ができて、幸福を得られる社会をつくることが理想にならなければならない。

今は当たり前のことができていない世の中なのだ。当たり前のことをできていない社会が、個人や他人の責任にするべきではない。貧困層や立場の弱いものを冷徹に突き放す時代は過ぎ去り過去の遺物となるべきだ。国民の義務を学校で習うと思うが、それらの義務を果たしていないのは社会の方であり、それはたとえ個人的境遇のことであったとしても国の責任なのだ。

資本主義では資本を持つ者が力を持つのだから、資本主義や拝金主義では必然的に格差が生まれることになる。誰もが資本主義社会のままで格差を是正できると考えているが、それは根本的に矛盾するのだ。かといって共産主義にしようか封建主義が良かったとかいう話でもない。

社会と人の考え方を根本的に変えなければ格差や苦しみはなくならない。

子供じみた心を捨てる

仏陀は、人は口の中に斧を持って生まれているという。人は放っておくと嫉妬、憎しみ、怒りによって他人に悪口を簡単に言ってしまう。冗談で人をからかったり、軽口を叩いてふざけて笑ったことは誰にでもあるだろう。仏陀はその斧が自分をも切り裂くのだという。

映画『戦場のピアニスト』の一場面、立派な制服を着た若いドイツ兵たちが、収容所へ送られるみすぼらしい服の老人を束になって囲み、からかい笑う。人の醜悪な本性をさらけ出しても平気になってしまう状況、それが戦争。実はその戦争と同じことを我々は日々それと気がつかず行っている。

民意の低さが世の中を悲惨にする。意識の低さこそが平和の敵。意識が低いことによって投げやりになったり自分を否定したり、他人を軽んじたり侮辱したり、簡単に妄信したり、嘘をついたりだましたり、奪っても平気だったりする。日本には「人のふり見て我がふり直せ」という言葉がある。昔は小さな子供でもその言葉を知っていた。もっともなりたくなかったものに、人はなぜ容易になってしまうのだろうか。

それを繰り返せばそれが地域性になり、民族性になり、やがて国民性にまでなる。そしてやがて地球を覆ってしまう。

「私が子供だったころ、子供のように話し、子供のように考え、子供のように行動した。しかし今、私は大人になり、それらの子供じみたことをすべて捨て去った」

昔見た古いモノクロ映画のたぶん聖書の一節だと思うが、若きポール・ニューマンが演じる主人公が成長し、やがて気づきを得ていく過程でのナレーションだ。誰もが幼い頃、生き物に残酷なことをした経験が一度や二度はあるはずだ。あるいは友達がすることを黙って見ていたかそれに加担してしまったか。我々はいつまでも生き物や自然、果ては愛すべきものまで破壊してしまうような粗野で野蛮な大人ではいけないのだ。もう以前よりは狭い地球で、お互いに影響し合って生きているのだ。

若いのにしっかりしているというのは、落ち着いていて考え方が安定しているということ。若いということは、それだけ迷いがあり不安定であるということ。その代わり可能性がある。可能性とは変われるということだ。今の社会は変わることができるはず。

平和を維持するには、はじめから社会に格差や差別、屈辱、恨み、ねたみ、憎しみなどを含めたあらゆる種類の暴力がない世の中にしていかなければならない。仏陀やキリストが言うように、愛によって自然に人々の心の中に一切の暴力がないようにしていかなければならない。ゆがんだ行動の原因となるカルマやトラウマが、それぞれの心の中にない方がいいに決まっている。各人がそれをできるように社会がサポートしなければならない。人々の心が平安で曇りがない、澄み切った清浄な世界を維持していられるように。

昔はそれを維持するのが各地の宗教や伝統的な慣習の役目であり、それが民族の美徳だった。今の美徳は、なにかのレッテルを張らずに一人ひとりを人間としてお互いに尊重しようという動きの中にある。争いや格差を生み出さないために良いことだとは思うが、中には余計に格差や争いを引き起こしかねない、行き過ぎた寛容性や間違った常識がまかり通っている場合もある。誰かの自由は誰かの不自由であってはならないのだ。

堅苦しい世の中は去り、自由を得るために文明は発展しながら誰もがそれぞれ少しずつ自由を手に入れてきた。その自由を手に入れた分、皆が社会に対して責任を持たなければならない。他の人も自由で幸せにするために。

教育において

愛に関して未成熟な家庭環境で育った子供は、自分を愛することが難しくなると心理学者のフロムは言う。自分を、自分の人生を愛していない人は自分にも他人にも自信がなくなり、なにをしても上手くいかず他者ばかりか自分まで非難してしまう。まず自分が愛で満たされていないと他人にも愛を与えることはできない。

大人たちはこの社会に慣れ親しんできているが、子供たちは生まれたばかりで純粋な魂のまま生きている。親の社会的地位や家庭環境の不幸は連鎖し、子へ、孫へと伝わってしまう。しかしどんな環境に生まれてこようとも人生を愛せるよう、自分を愛せるように、誰もが同じ愛情のスタートラインに立てるようにし、人生そのものや自分という人間に対する社会的気づきを与える必要がある。

社会とは誰か権力者に都合の良い世の中ではない。私たち自身が自立して生きていける世界のことだ。一人ひとりがすばらしい存在であり、その自らの放つ輝きで社会をすばらしいものにつくり変えていけるのだということを教育が教えるべきなのだ。

子供たちの人生に光を与えること。ほんのちょっとしたことでも、まったく予想もしなかった方向からくる光は、悩める子供たちにとってときにまぶしいほど輝くはず。自分の興味は自分で探せるとしても、子供たちの心に人間としての安心を与えるのは大人の責任である。子供は生まれたばかりでどう生きたらいいかわからない。受け身ではなく、能動的に生きていけるように教えてあげられたらそれが一番の教育だ。私たちはあまりにも細かなことにこだわりすぎて、知識だけの教育や細かなつまらないことで子供たちをコントロールしようとしている。それも合理的考えに侵され過ぎ、人間が自然から離れてしまったからだ。もっと大きな視点を与え、おおらかに育てなければならない。

ネイティブたちの社会では、ヒーローの物語が「人生をいかに生きるか」と「自分に誇りを持って生きる術」を教えていた。焚火を囲みながら炎の前で長老が語る昔話や神話、伝説に子供たちはワクワクして聞き入り、異次元の世界を股にかけた冒険やアクション、そして将来の恋愛に思いをはせた。

皮肉や自分を否定することを学校で教育されるより、自分に自信を持つことを教えられることの方がどれだけすばらしいだろうか。子供がワクワク楽しい興味の湧くことを見つけて、それに熱中する姿を見ることこそ大人が子供を見ていて一番嬉しい姿ではないか。たとえ将来どんな挫折があったとしても、自分を信じられる心が身についていれば教育として成功したと言える。

私たちは知識を教えるが、人間の成長にとって最も重要な教えを授けていない。その教えは、人を愛することのできる成熟した人間でなければ、けっして授けることができない。

——『愛するということ　新訳版』（エーリッヒ・フロム著／鈴木晶 訳）

学校とは、生きることの基本を教える場であり知識の集積ではない。
教師の人数が足りないなら、専門家を増やす必要もある。将来、機械化によって人間の職が失われるというなら、これはフロムの言う通り決してＡＩや機械にできる仕事ではない。国は社会を支える職業へ予算を使うべきで、大きく利益を上げる企業などはそのために社会へ利益を還元するべきだ。おまけにこういう仕事はＣＯ２も出さないのだから。

豊かな社会を目指すならば、子供たちに自分たちが世の中を良くすることができるのだという信念を持たせることができる教育が不可欠になってくる。信念は自分を信じるにも、誰かを愛して信じるにも必要になる。他人を信じることは人類を信じることだと言う。教育には人類への愛と信念が必要なのだ。

さらにフロムは、「安全と安定こそが人生の第一条件だという人は、信念を持つことはできない。愛するには、勇気が必要だ」と言う。世界に対する信念、なにより自分に対する信念がないと、愛をもって社会を平和にすることはできない。まさにこのことは子供たちが大好きなヒーローの世界なのだ。

フランスのトリュフォー監督も孤児だった自分の過去を振り返って、映画『思春期』の最後の場面で自身が先生役となって教壇に立ち、「子供のころの環境は子供自身には選ぶことができない。そんな子供たちにも逃げ道や他の道がある、世界は広く希望に満ちているのだ」と訴える。社会的ないかなる場所も閉鎖的であってはならない。子供たちの逃げ場所も用意されていなければならない。子供たちにはいかなるときも自身が光となる可能性と広い視野を与えるべきなのだ。

子供が学校から帰ったとき、偏見に凝り固まった大人たちの頭を逆に教育し直すほどになればいい。ネイティブ・アメリカンの社会では、大人たちがコミュニティ全体で村の子供を育てるという伝統があった。大人が子供たちと共に成長していける社会になればいい。

エネルギー問題

平和で持続可能な世界を考えた場合、どうしてもエネルギー資源のことを考える必要があるだろう。奪い合う原因や、争いの口実になってしまうからだ。

資源は人間が利用すれば有害物質が出て環境が汚染される。それは汚れた血液と同じようにやがて地球を病気にするかもしれない。

石油は地中から取り出した原油をそのまま燃やせば有害な煙を出さずにきれいな炎を出して燃えると聞いた。自然は自然のままなら自分に害になるようなことはしないのだろう。それを人が必要以上に奪おうとするから害が出てくる。面倒なもので軽油や重油、ガソリン、灯油など用途に合わせて加工しなければならない。加工すればするほどエネルギー収支費は低くなり、コストは上がり、どうしても有害物質や廃棄物をばらまくことになる。そして加工すればするほど誰かが利益を得る。自然は対価を要求したりしないのに。

核エネルギーも当然クリーンではない。核はその存在自体が人間に不利益をもたらしている。「コントロール下にある」と人はよく言うが、コントロールしているという状態とは本来なにも被害や心配がないことであって、すべてが人間の予測を超えている。人知を超えたもので今まで人がコントロールし切ったものは一つもない。間違いを起こすのはいつも人間。原子核爆弾は世界の均衡を緊張のバランスの中で保っているというが、それも力で他者を支配しようとするネガティブな思考のもとに成り立っているので、それ自体が負のエネルギーでしかない。その核自体が国家間に格差を生み出している。核は地球にとっての癌であり、地球を病気にする。我々人間が自然に断りなく地中から掘り出し、地球に有害なものを勝手に生み出しているのだ。それではまさに人間こそが地球の病原菌か、あるいは疫病神ではないか。それは先祖から受け継いできた大地や自然に背く行為であり、人類にとって未来の「創世記」での原罪となるだろう。これからずっと人類が存続できるとしたらだが。

「常温核融合」は、核分裂の逆の作用で莫大なエネルギーを生み出すとされ、以前はコンパクトかつ低予算、しかもクリーンというふれ込みで日本の大手企業でも研究が進められていたが、数年後に実現不可能という烙印を世界的に押されてしまった。実現すればそれぞれの家庭に核融合機を持てるくらい手軽なエネルギー源になるという話だったのでそれを悪用する者の出現などを恐れたのだろうか？　しかし今でも日本とアメリカで研究が進められているという。

「燃料電池」や「水素エンジン」は、電気と熱をつくり出すときに酸素と水を排出するクリーンエネルギーだという。しかしコスト面や天然ガスから水素を取り出す際の課題など不明瞭な部分は多い。そのうえ、スマートフォンやエコカーに使用されているレアメタルが必要になるという。レアメタルの採掘をめぐっては資源が少ないうえに、第三国の労働者、特に子供たちへの被害が問題視されている。企業はその子供たちの人権や環境保護のためにどう努力しているのかを、裏の事情まで包み隠さず言えるようになってこそ公に利益を上げることができるのではないだろうか。

生き物は電気はなくても生きていくことはできるが水がなくなれば生きていくことができない。水は命の源というべき根源的で神聖なものだ。穀物や肉類、そして洋服や車のバッテリー、半導体にいたるまで、生産するにも大量の水がいる。資本主義経済が続く限り、水も木材も電気も農地も大量に消費されていく。そして国家間に差別的な格差をつくり出してしまう。

人は空気はふんだんにあると思っているが、いつ空気も吸えなくなってしまうかわからない。水を飲めば毒になり、空気を吸ったとたんに倒れて死ぬというような未来がやって来ないようにしたいものだ。そんな悪夢が来るとしたら遠い未来のことではなく、気がついたら今いきなり起こっているかもしれない。もしそうなったら、ただただ人は無力で、なにもできずに死を待つしかない。今までは問題が起こってから対応を考えていた。少なくともそう見えていた。大脳の発達した賢い人間が問題に追い回されている。できれば先回りしてなにか起こる前に知恵を働かせておきたい。

車社会が世界に広まり排気ガスが増えたように、ハイテク化で地上の電力消費量は増える一方。早急にクリーンな次世代エネルギー源を開発する必要に迫られている。しかし現状、どうしても地球上にある既存の資源を利用せ**ざる**を得ない。

もし本当にクリーンで効率の良い、手軽で理想的なまったく新しいエネルギー源が開発されたなら、この地球上で人間がエネルギーを奪い合うこともなくなるだろう。経済も緩やかに安定して発展していくかもしれない。

熱力学の第二法則は、無秩序状態はつねに秩序状態よりも多いという事実にもとづいている。

——『ホーキング、宇宙を語る——ビッグバンからブラックホールまで』（スティーヴン・W・ホーキング著／林一訳）

しかしこのエントロピーの法則がある限り、完全にクリーンで持続可能なエネルギーの実現は不可能だ。もし実現するとしたらそれはニコラ・テスラのフリーエネルギーやUFOの動力ように人間にとっては超自然な動力の発見と実用化でもないかぎり不可能なのだろう。その場合フリーのものをフリーとしなければまた必ず争いが起こる。

テスラのフリーエネルギーではないが、原子は小さいうえに原子核が＋で、その核の周りを回っている電子が－で中性となるのでその量子効果によって重力の影響は相殺されるという。だから量子力学では重力は考えに入れなくていいらしい。この理論をUFOのような飛行物体の動力に利用できないのだろうか？　地上では重力に対して物体は重さに関係なく同じ速度で落ちる。UFOがいくら大きくても物体は同じ速度で落ちるのだから、原子にみる量子効果のような動力を使えば大きな物体も重力の影響を受けないで浮くのではないだろうか？　UFOも過去に確認された例では周りがぐるぐる回っていたというが、コマが回るときのようにかなりの高速で回転しているのだろう、原子核の周りを回る電子と同じように強い磁場をつくり出しているのかもしれない。

結局のところ現在では、新たなエネルギー源が将来いつか開発されることを期待しながらこれ以上地球と人に損害を生み出すわけにはいかない。夢のような話に人類の未来を預けるわけにいかないのだ。

超自然な夢のエネルギー源は次の次元のもの。人類が今の物質世界の課題をクリアしなければ次に進めないし、それは手に入らないだろう。

欲張らず「足るを知り」満足する、それを古臭いことのように考えるのは間違っている。それは魂が成長することであり、足るを知ってこそもっと明るい未来がそこにあると考えられるようにしなければならない。第一、平和になれば戦争や経済的格差や競争で生まれる膨大なエネルギー資源の無駄使いを減らすことができる。

人間は食物を自然界から得る段階ですでに、いやもっと言えば地球に生まれ落ちてきた時点ですでに、地球のお世話になって生きていかざるを得ない生き物だ。「地球は我々のたった一軒の奇跡的に住み心地のいい家であって、その家に住むには長く手をかける必要がある」（オノ・ヨーコ）と言う。人間はなにかのお世話になってしか生きられない。

社会的スローガンはなにを言おうがすべて経済活動のことを言っているようにしか聞こえない。経済中心ではなく人を中心に考えること。人が自然に生きられるようにすることが最も重要なのではないだろうか。人間にとって有益なのは、無駄な経済活動を増やすことでもないし、原子力発電所を増やすことでもない。安易な道に走れば、いつか後悔する。

自然に求める

彼は、彫像を彫り終えた、と思い込んでいた。
しかし実際には、たえず同じところに鑿を打ちこんでいたにすぎない。
一心に、というより、むしろ途方にくれて。
――断片

――『絶望名人カフカの人生論』（フランツ・カフカ著／頭木弘樹編訳）

日本の達観した彫刻家は木の声を聴き、木に導かれるようにその木の魂を削り出す。心に迷いのある人は、魂を見ずに断片のみに執着し、むやみに木屑を削り落とす。

親日で世界一貧乏な大統領と言われている、元ウルグアイ大統領のホセ・ムヒカも、二〇一二年の地球サミットで、お金に支配される世の中を変えなければならないと言っている。彼は現役の大統領だったときももちろん、実に清貧な生活をしている。なぜ彼は貧しくも誇り高くいられるのか。そしてその場にいた議員たちはなぜ書類ばかり見て彼の言うことを聞こうとしないのか。まるで西洋には清貧という言葉がないかのように。

いいや、西洋にも当然清貧の考え方はある。ニーチェも『ツァラトゥストラ』の中でそれを語っている。ミレーの『落穂拾い』やゴッホの初期の絵も、彼らは当然知っている。

なぜホセはあそこまで強く訴えることができたのか。彼の身が潔白だからだ。彼は自らの生きざまをもって現代社会に訴えかけている。自然に生き、自然を尊び、自然と調和して生きることは、それ自体一本の木から命のこもった彫刻を生み出すようなもので、草木や生き物すべての自然の中に魂を見出し、はぐくみ、生かす、人間らしい真に創造的な生き方なのだ。

清貧とは決して貧しさに耐えることではない。豊かに創造的に生きなければ清貧とは言わない。昔の日本人は貧しくとも、清く美しく生きることが理想だった。貧しくあることはその当時の人々にはそれだけ選べないものだったのだ。しかし今の世の中ならできる。真の魂を自然の中に見出し、それを繊細な宝物のように掘り出してこの世の美を明らかにすることは人の限りない喜びなのだ。その喜びとともに豊かに共存することは可能なのだ。

我々の創造とはもちろん神の創造とは違う。我々には神の意図を自然の中に見出し、その仕事をたすけることしかできない。逆にそれが人にとっての幸せなのだ。

人間にできることは、自然を生かすこと。生き物や人を、世界を生かすことなのだ。

ホセの話を聞かなかった人々が、彼のようにはなりたくないと思ったかどうかはわからない、しかし本当に美しいのは彼らよりホセのように生き生きと生きている人たちなのだ。

過去にホセ・ムヒカに影響を与えたのは日本人の思想だった。日本人は清めることを大切にした。身も心も取り巻く環境も、すべてのものを愛し讃えることも、自らとすべてのものを清めることだった。汚れがあれば、自分に対しても他者に対しても雑になり、破滅的、破壊的になる。我々は塩を使って場や身を清める。この伝統は日本にとどまらず、そのずっと先の聖書の発祥した場所にその歴史と起源を置くのだろう。自分がどんなときでも、どんな状況でも、自分の内で清まっていれば、自分にどんなことがあろうと大丈夫だと思えるはず。神に愛されていると思えるはず。

もちろん自然と同じような清さを心に求めるのは日本人だけではない。もともとすべての地上の人間がそうだった。それを誰もが埃を振り払って記憶の引き出しから引っ張り出さなければならない。木の声を聴き、木の魂を彫り出し、生かすような匠の魂を取り戻す必要がある。それは自然のドクターともいえ、守護者とも言える。

ホセはかつて日本から学んだのかもしれないが、今では日本人がホセから学ばなければならない。世界の人が学ばなければならない。宇宙の法則の中で生きる人々は誰でも、本当の人としての生き方を伝える私たち人類にとっての教師なのだ。

人間の身体はほとんど水分でできているという。ネイティブ・アメリカンに言わせると、我々は全員水とつながっている。水に生かされている。地球は水で覆われ、地球は人間に生命の存続できる環境を整えてくれている。人間は歳を取ると共に水分も減っていく。水がいかに生命の源であるかわかるはず。

雨は天から降ってくる。雨は飲み水になり、生命の源になる。「天は人を生かす」。

皆水によってつながり、世界はすべて運命共同体となる。天も地上も水でつながっている。水は高いところから低いところへ流れ、実った稲穂がこうべをたれるように重力に逆らうことなく水はその知恵を世界の隅々へと広める。

どこの国であろうと、どこに住んでいる人だろうと祖先とその土地に根づいた伝統はある。どこの先祖も祖先も、土地も自然も水のようにつながって生かされてきた。我々は先祖や祖先と精神という泉でつながっている。しかし今はもう、その精神的つながりも失われつつある。

他人に迷惑をかけたら親に恥ずかしいように、欲を出して争ったら祖先に恥ずかしい。なにより自分に信念とプライドがあれば、人は愚かな行いをしないはず。たとえドイツに生まれたとしても、過去にナチスのしたことが恥ずかしくて誰もが自暴自棄になってしまうだろうか？歴史から学ぶ必要はあるが、過ちは反面教師とするべき。自分自身に民族の誇りを取り戻すこと。それは争いに勝つためでは決してない。自分自身を取り戻し、相手の誇りも認め合い、お互いの祖先の智恵と恵みに敬意を持つこと。それこそ自分のアイデンティティを取り戻すことであり、アイデンティティがなければ自分もない。

人間のルーツは自然にある。草木は根っこがないと枯れてしまう。人間も同じ。

木にもいろんな種類があり、違いは罪でも愚かさでもましてや恥でもない。違いはお互いの独自性や能力を生かすためにある。そして皆同じ土壌に育ち、世界を生命で満たす。

自分たちがどこから来てどこへ行こうとしているのか再認識すること。人が生まれてきた理由を求めるように、人生の目的を探すように、まずは個人としてのアイデンティティを取り戻し、それを育て、自分に誇りを持った人々がお互いを認め合って世界をつくり上げていくことができたらきっと天の神も喜ぶだろう。

> 現在のお金中心の社会 → 自然とのつながり、祖先、根っこの部分 → 個性、独自性、各自のアイデンティティ → 創造性、成長、若葉や実り → お金でない価値観の世界

大地とつながっている人々は強い。我々はお金を吐き出し、お金を食べつくすATMではない。愛の生き物なのだ。

自然との調和とは宇宙との調和。自然と共存すること、それは完全に宇宙と調和して生きる人間の本来の姿。そうやって人間はエデンの園に帰っていく。そこには過去があるのではなく、未来の楽園が待っていることに気づくべきなのだ。

地球の自然や生き物を思いやることが、宇宙の命の灯を絶やしてしまわないことであり、我々自身の喜びでもあり、同時に人類が生き残る唯一の道でもある。

お金からゆとりの社会へ

原初、世の中にお金がなかった時代にはそれで世の中が成立していた。お金のない世界はお

互いや精神を大切にする世界だったのだろう。一時期、現代でもお金のない世の中を実現しようとする考えが一部にあったが、いきなりそれをするには、お金に慣れ親しんだ我々には無理があるのか、今ではそんな話もまったく聞かなくなってしまった。しかし人がそれぞれ自分の人生で思いきり個性を発揮し、善意のもとに生きるためにお金のことを気にしなくていい世の中になることを望むのはそう無理なことではないはず。

火山の噴火で滅んだというポンペイの遺跡には、午前中働いて午後には温泉に入ったりお酒を飲んだりなどして、思い思いの方法で生活を楽しんでいた様子が描かれているという。現実問題として、心にゆとりのある生活は特権階級でなければできないのだろうか。平和の第一歩は安心だという。安全安心な生活というのも、ゆとりのある者にしかできないのだろうか。

人は富やお金を争っているようで、実はゆとりを争っている。

そういった特権階級のゆとりこそが、貴族の余裕ある優雅なふるまいをつくり出している。お金にゆとりのない者はガサツで粗野だという。それはまず生活のゆとりがないからだ。

日本各地の豪族から成りあがった昔の武士は、過去に栄華を誇り没落した貴族たちに見下されされないように言葉使い、行い、思想などにゆとりを求め、自分たちのステータスを上げようとした。その過程で貴族文化の中心的思想だった仏教や中国の思想などを取り入れることで、粗野だった武士の文化を発達させた。生き残るためには野心も必要だし、禅のような心の鍛錬も武士には必要だっただろう。だが人間であれば誰もがゆとりを欲しがるはずだ。もちろんあくせく働いているのが好きな人もいるだろうし、人はじっとしてはいられない。しかしそういった人でも、どこかで余裕をもってゆっくりできることを望んでいる。経済的にも精神的にも肉体的にも。自然を楽しむ、それがゆとりであり、人がお金を欲しがる動機。しかし、そのゆとりのためにあくせく働かなくてはならないのが現実の世界。その労働がもし苦痛であれば、それをまるで人間の義務であるかのように当たり前に思っているのが間違いなのではないか。その当たり前を与えたのは自分ではないはず。気がつくと知らずに社会から与えられていた。人は富やお金を争っているようで、実はゆとりを争っている。人はゆとりを争っているからこそ、それ以上の富や利益を欲しがり、より多く奪うために争う。ゆとりを得るために際限なく不安の中で生きなければならず、自ら心の中のゆとりを失ってしまう。

昔は天災があれば否が応でもゆとりは奪われた。それどころか苦しみがやってきた。では現代ではどこにゆとりが消えたのか。人間界ではゆとりまで他人に独占され、搾取されているのが現実。常識に惑わされず、常識を与えられるより先に将来に向けてどんな生活を望むのかはっきりとイメージしておく必要がある。

もちろん人間には働く欲求があるはずで、それはいつまでも廃れることはない。ゆとりと幸福のために社会に奉仕することがなければ、一人ひとりの心も孤独で決して喜びで満たされることはない。仕事は人類の進化のための人と人との豊かなコミュニケーションなのだ。社会的ゆとりをつくり出すために、人々が社会に奉仕しなければ公のゆとりつまり平和は確保できない。一人ひとりが幸せになることが、社会全体のゆとりになるのだ。

人が本当にやりたい、あるいは必要とされることで社会貢献できるやりがいを増やしていくべきで、それが社会のゆとりにつながってくる。社会の片隅の愛と愛がつながって、社会全体の大きな愛となる。その愛が我々の大きな生きがいになり、幸福にもなる。

人と人の間にも、愛があればゆとりができる。

お金のない社会とは、お金に愛よりも大きな価値を見出さない世界なのだ。生活の基盤、安心、安全、心の豊かさ、それぞれの人権、尊厳、文化、協調、個性、精神的発展を大切にする社会をつくり上げていけば、人が十二分に個人の情熱や能力、創造性を発揮して自己実現できる、豊かなゆとりある社会が実現できる。

お金に囚われない不安のない生活。それがユートピアなのだ。

ゆとりの新社会

本来資源は地球のものであり、皆のものであって誰のものでもない。なら企業の収益も、国や世界に還元すべきものだ。世界を運命共同体と考え、富の分配により社会保障がしっかりしていれば、ＡＩによって仕事が減少した後もボランティアのような社会奉仕も成立していける。大規模な利益の還元、分配を世界で同様にやっていくことでお互いにたすけ合っていく。

最近のアメリカでは共産主義に傾倒する若者が増えているという。人が主義を決める前に、心の中を見つめる必要がある。自分自身が本当はなにをしたいのか、なにを望んでいるのか。人の意見や既存のものにすがるのではなく、自分自身で探し、見つけなければならない。そしてその愛による思考は、自然のすべてを生かすために働いている真理にもとづかなければならない。そうでなければなにを考えたとしてもそれは愛でなくなる。

人々の役に立つ、世界の役に立つという喜びのもとに自らの個性や創造性を生かして生きていく。現代は多様性の時代と言われる。各々の個性を生かしながら社会の多様性に合致していくことは無理ではないはず。そして十分に生活できる報酬を受け取る。そこから個人の幸せがはじまり、皆がその使命の中に生きることが人としての喜びになる。

従来の経済システムは人々から奪うことの方が、与えることより強かった。しかし、本当の強さはいうまでもなく奪うことではなく与える愛なのだ。愛を行うことこそ勇気がいる、能力がいる。ゆるやかな経済、人にやさしい経済は残しつつ、分け与える社会をつくり上げ、各人が正当な報酬を得ていけるようにする。

奪う世の中は酷い惨事を人類の歴史にもたらした。与えることはただ元あるところへ富を返すだけ。神が与えたものを与えられた人に返すだけ。ゆるやかな経済が愛と思いやりをもとに機能し、十分な富の再分配が行われ、人々が自らの使命のもとに活動し、幸福を得る。人類全体の平和のために。

いったんお金の便利さを知った人間にとって、お金を手放すことはなかなか難しいことかもしれない。しかしお金がどんな形になろうとも、それは相変わらず人間の道具でしかない。道具は人間を生かすためにあるもの。道具は変化し、発達、発展し、人間の生活を変える。人は道具を人のためになるように使いこなすことができるはず。

もし誰かが調和のとれた世界の平和を拒むなら、平和を拒むことは即ち悪になる。それを拒むものは自分にとっての平和だけしか考えていない。人は世界とかかわって生きている。人とは誰か一人のことではないし、特別な人たちのことでもない。自分が平和になるためには、世界が平和になる必要があると気づくべきだ。

世界中の人が自分らしく生きることを拒む理由は誰にもないはず。そこにお互いへのリスクはない。それはレッドオーシャンではなくブルーオーシャンであり、お互いがお互いに個性を生かし、思う存分生きたとしても、それぞれに違っていてお互いにぶつからないのだから。

お互いが自分を失い、他人を差別、嫉妬し、不信感を抱き、余計なかかわりを持とうとするから世界が汚れ、感情の糸がもつれ合う。それぞれがそれぞれに正しいことをすればいい、そしてそれぞれに幸福であればいい。

誰もが西洋的観点で世界を見て、細かいことに囚われ過ぎている。世界や社会をもっと大きな視点で捉え直す必要がある。地球や宇宙の視点を持って世界を捉えるべきなのだ。それは精神世界だと言われるならそうかもしれない。しかしそれが誰に害を与えるというのだろうか。今は物質世界を重視する社会。精神と物質のバランスを取り戻し、より一人ひとりの精神を大切にする社会にならなければならない。

死んだライオンより、生きてる犬の方がましだ。

——映画『サムシング・ワイルド』より

もっと良い世の中に

「社会に同化して生きるのは当たり前だ」と人は言う。そうやって生きるしか我々にはない。まだまだ日本人には「長いものには巻かれろ」、また「見ざる、聞かざる、言わざる」精神が残っている。長い歴史の中で日本人はそれを学んできた。いや、そうするしかないとあきらめている。そのあきらめが、次の世代にあきらめさせることにつながっている。しかし今の時代、社会が住みづらいなら自分を合わせるのではなく、自分から社会を少しずつでも変えていこうと思うことは罪ではないはずだ。

ニーチェが批判するような末人、つまり奴隷やロボットよりも悲惨な魂を抜かれた人間の社会は世界に広がっている。自分が末人にされていることに薄々気づいた人々は激しく抵抗しようとするが、さまざまな情報や感情が交差し、混乱や混沌の中でますます人はなにを信じればいいのかわからなくなり、結局なにもかもがうやむやになる。はっきりしたことが言えるのは実際に被害に遭った者だけ。

けれども「もっと良い世の中にできるのではないか」と考えることを止めないでいることは人間として必要なこと。それこそが人間が人間としている所以なのではないか。人間は実はそれを目指してきた。科学はそのアプローチの一つに過ぎない。そして極端に合理主義に走った科学や独断的な考えが暴走するのではなく、アインシュタイン博士が言うように、科学のもう一方の欠けた部分を埋めなければならない。それは科学とは正反対の精神的なものであり、しかもそれを論理的に説いたもの。アインシュタインに言わせれば、それは仏教だという。

仏教には仏陀の唱えた「真理」がある。それは決して西洋的な宗教と呼べるようなものではなく、しかも西洋の科学的アプローチでもない。科学は精神の外側へ向かい、仏教は精神の内側へ向かう。宇宙の法則を精神の内側から論理的に導き出したものが仏陀の真理なのだ。

これからは主体的に、そして能動的に自ら愛のある生き方を選べる世界にしなければならない。つまり仏教で言う無明のままではなく、気づきによって人生の歓びが明らかになったうえで生を満喫できなければ、人として生まれた権利を十分に得たとは言えない。

ニーチェもそれを「超人」という言葉で表わしている。

キリストや仏陀は自分が悟ればそれでいいとは思わなかった。自分の周りの世の人すべてを救おうとした。つまりキリストも仏陀も「もっと良い世の中にできるのではないか」と考えることを止めなかった人たちなのだ。

世界の誰もが彼らに続き、誰もが二人のような気づきを得なければいけない。
聖人は、私たち人類の模範としてこの世に生まれたのだから。

4・ロゴスという原理

ロゴスという原理

人間を他の動物と大きく隔てるものは、進化の過程ではなくことば(ロゴス)だ。

聖書でも「初めにことばがあり、ことばは神のところにあり、ことばは神であった」という。(『世界の名著12聖書』前田護郎訳より)人間と動物を隔てるものはロゴス。聖書のギリシャ語版では「アルケーはロゴスなり」とあり、「アルケー」は万物、宇宙の根源的原理で、ロゴスとは本来は真理、論理、概念などの意味があるらしい。

人と動物やその他は、ロゴス(原理)など従っているものによって分類される。

キリスト教ではロゴスはキリストであり、キリストの教え(ことば)が真理であるという。人間は動物とはまったく違う論理で生きている。なにしろエデンの園を追放されたのは、唯一人間だけなのだから。その根無し草となった者の論理を支えるのがロゴスだというのだ。

人間は人間独自の原理に従っている。そう思っている。創世記でエデンの園を追放されてから、人間は自然の摂理ではなく新たに別のものに従わざるを得なくなった。そして従うべき本当のものを自ら見つけ出さなければならないということは、始終迷いの中に生きることになる。我々はまさに「迷える仔羊」なのだ。

動物はエデンの園に属している。神のつくられた自然の法則に従って生きている。人間に言わせれば「彼らはそうするしか能がないのだ」と言うかもしれない。しかし、永遠に迷える仔羊である人間より、神にとってはより完全な存在に違いない。

人間には自由意思が授けられていると人間は思い込んでいてそれを自負している。禁断の木の実を食べたせいで逆に神からも自然からも自由なのだと。信仰も、信仰しないのも自由意思だと思い込んでいる。もちろん人間のつくり出した人工の信仰に対しては自由でいた方がいい。しかし人間を含め、動物や自然を創造したものはたしかにこの宇宙に、それを超えた世界に存在している。そしてそれは当然、人間がつくり出したものではない。

神という宇宙の創造主は名前のない、認識できない、数式で証明できない次元のものであったとしてもたしかに存在する。人間がそれを「ない」と思っているなら思いあがりでしかない。そう思っている人は単に、この現実世界で自分の職務や欲望を追求することに専念するうえで、その考えが邪魔になると思っているからなのだ。

生命の誕生を思い出せばいい。自分はどこから来てどこへ帰るのか。母親は偉大で尊敬すべき存在だが、自分の命がどこから来てどこへ行くのか知っている神がまさか自分の母親だと思っている人はいないだろう。

西洋の人はときたま勘違いをして、東洋の多神教を否定しようと努力する人がいる。しかし東洋のそれらもれっきとした神であり、この自然界すべてが神とつながっているものなのだ。すべてのものは神と、宇宙とつながっている。すべての自然に存在するものは宇宙の、神の豊かさである。それぞれの豊かさや霊性を余すことなく受け取って、感謝しようという気持ちがそこに表れているのだ。多神教や自然崇拝は決して偶像崇拝ではない。

自然と共に生きる人々は難なく自然の法則にそって生きている。わざわざ自分から迷ったり、探し出したりする必要をまったく感じていない。近代都市に住む人々は、迷路のようなビル群や交通網、果ては複雑な情報網にもと来た道を失い、迷子になってしまっている。人は人類のロゴスを失っている。

それは木の実を食べた罪への神の裁きではなく、人間自ら自分たち自身を迷わせている。禁断の木の実を盗んで食べた我々は、その瞬間にすでに自ら神（宇宙）の原理を失ってしまっているのだ。そして再度それを自分たちの能力で見つけ出す作業が課せられている。

その道に迷ってはいけない。

ことばとニーチェの国家

西洋はことばの社会で、映画も多くのセリフの組み立てで成り立っている。東洋は精神の社会で、淡々とした映像の積み重ねで人間の心理を描くことが主流だった。けれど、今ではもうどこの国にも同じようなものが満ち溢れ、ことばが充満してしまっている。

ニーチェの『ツァラトゥストラ』に「新しい偶像」という章がある。

国家とは、すべての冷ややかな怪物のうち、もっとも冷ややかなものである。それはまた冷ややかに虚言を吐く。その口から這い出る虚言はこうである。「このわたし、国家は、すなわち民族である」と。

それは虚言である。

――『世界の名著46 ニーチェ ツァラトゥストラ』（ニーチェ著）

ニーチェにとっては、国家の存在も偶像崇拝に当たるらしい。ニーチェは、国や民族には標識（目じるし）があって、「それぞれの民族はすべて、善と悪について自分自身のことばを語る。そのことばは隣国には理解できない。民族はみずからのためのみずからのことばを、風習としておきてとして創り出したのだ」と言う。つまり人間と動物を隔てるためのロゴス（ことば）

である原理や真理と同じように、民族どうしでアイデンティティを保つために、それぞれがそれぞれの原理原則を持っているということになる。当時の原理は「善と悪について自分自身のことばを語る」とあるように、ほぼ宗教的なものだったに違いない。しかしそこには、ひとつの民族としての文化的まとまりがある。まとまりがあるところには安心がある。そしてそのことばは独自のもので、動物と人間を分かつように、他の民族にとっては元来理解できないものなのだ。それぞれがそれぞれの民族のしきたりや文化、思想、宗教を持ち、ロゴスつまり信じるものが異なっている。

ニーチェは「しかし、国家は善と悪についてのあらゆることばを使って嘘をつく。国家が何を語ろうと、それは嘘だ。——国家が何をもっていようと、それは盗んできたものだ」と続ける。国家は民族ではない、だから民族が混在する国家では従うものの食い違いにより格差や偏見などの葛藤が起きる。しかし、国家は一つの思想で国をまとめようとする。それに失敗したら為政者は国民の評価を失うのだ。民の間に葛藤が拡大する前に国家は嘘を使いはじめる。国家は民族のしきたり以上の虚言を吐き、新たなおきてをつくり出す。

善と悪とについてのことばの混乱。これこそ国家の目じるしである。

「地上にわたしより大きいものはない。わたしは神の指として秩序を与えるのだ」——このこの怪獣は咆える。

――『世界の名著46 ニーチェ ツァラトゥストラ』（ニーチェ著）

「あまりにも多すぎる人間を吸いよせ、歓んでおのれを浪費し身を捨てる心情の持ち主たちを見抜き、呑み、嚙み、そして反芻し、おのれの多くのアドボケイト（信奉者）を生み出す。古い神を信じることに疲れた者たちが、新しい国家という偶像にひざまずいて頭を垂れるのだ」と。

人は近代化によって古い宗教の神から経済という資本主義の神を信じることになった。国は一つの主義によって束ねられ、そこで行われる経済活動とその主義のもとに人々が集う。ニーチェの考えのもとでは、国家と経済は一つの巨大な怪物になった。

これらの性急な者たちを避けて、君は君の安全な場所に帰れ。市場においてだけ、人は「賛」か「否」かの問いに襲われるのだ。

善い者たちも悪い者たちも、すべての者がおのれを失うところ、万人の緩慢な自殺が――「生」と呼ばれているところ、それが国家だ。

いまだかつて真理が、圧制者の腕に抱かれて、身を任せたことはないのだ。

――『世界の名著46 ニーチェ ツァラトゥストラ』（ニーチェ著）

国家や政治は雄弁なのに、市民は市場で「はい」か「いいえ」しか言えなくなってしまう。そうやって人は、それと知らないうちに狂信的な信奉者に自ら甘んじてしまう。民族の習慣、文化、伝統のないところにはその民族のアイデンティティもない。ということは、人は本来の自分を見失い根無し草となり、今までの概念にはない新しいなにかに支配されやすくなるということ。だからこそ自分たちを保持するために共同体のきずなを強め、文化や、伝統を維持しようとする。

　伝統や文化はそれぞれの土地で生きる有効的な術だったが、近代化によってそういった土地に執着する必要のなくなった若者たちは、なにものにも囚われることなく自由を求める。彼らが皆無垢なピノキオのようになってしまっては、自由を渇望しながらも狡猾な狐にだまされて、逆にますます自由を失う羽目になる。

　自らが巨額の金を創出できることを知った国家は、国民の利益や外貨まで食いつくす怪物となってしまう。国家が民衆のもとにある間はいいが、国はそのうち経済の神を信じ込んでしまい、虚言を吐き、自らの理想を忘れ、巨大なお金の製造装置となる。政治家たちがなによりも真っ先に国の利益を優先することによって、国民は魂を吸い取られ貧窮していく。

　この余計な者どもを見るがいい。かれらは富を獲得し、そのためにますます貧しくなる。かれらは権力を欲する。そしてまず、権力の鉄梃（かなてこ）である多額の金銭を欲する。――この無能力者どもは。

かれらがよじ登るさまを見るがよい、このすばやい猿どものありさまを。かれらはお互いの頭を飛び越えてよじ登り、そうしながらお互いに他を泥と谷の中へ引きずりこもうとする。

王座へ上ること、かれらのすべてがこれを欲する。かれらの狂気は――あたかも幸福が王座の上にあるかのように思いこんでいることだ。だが王座の上にあるものは、しばしばただ泥だけである。またしばしば王座が泥の上に乗っている。

わたしから見れば、かれらはみな狂人であり、木登りする猿であり、熱にうかされた者である。かれらの偶像、この冷血の怪獣は悪臭を放つ。これらの偶像崇拝者も、ひとり残らず悪臭を放つ、わたしの嗅覚にとっては。


――『世界の名著46 ニーチェ　ツァラトゥストラ』（ニーチェ著）

ニーチェが断罪する無能力者だとか貧しくなるとは、心まで貧しくなることを言っている。心まで貧しくなるとすべてが悪臭を放つのだ。ニーチェは経済が神にとって代わった社会を偶像崇拝だと批判し、それればかりかその根を根本から断とうとした。その偶像を崇拝することを支えているのは民衆なのだと。しかし、「地球は回っている」と言ったガリレオのときのように、ニーチェに耳を貸す者は誰もなく、今も同じことが続いている。

国家が終結するとき、はじめて、余計な人間ではない真の人間がはじまる。そのとき、なくてはならぬ人間のうたう歌がはじまる。一回限りの、まにあわせのきかない歌が。

——『世界の名著46　ニーチェ　ツァラトゥストラ』（ニーチェ著）

国家が今のところ力を持つ最大単位。そこに葛藤が生じ、争いが絶えない。人は小さな分子でも争い、大きな分子でも争う。そうやって葛藤をわざとつくり出し、経済を活性化しようとする。

国家を持たない者たちは生活が安定、安心することを望み、国家となることを求め、そのための力を持つことを望んでいる。他方、国家を持つ者たちは、さらに国境を超えた権力と富を持とうとする。

国がなくなったからといって、ニーチェの理想の世界が実現するかどうかはわからない。少なくとも国がなくなれば人が中心の世界になるべきだが、その代わり一人ひとりに責任が生まれる。だからそれは「まにあわせのきかない一回限りの歌」だという。

もちろん誰にも害がなければ民族の文化や伝統は守られ、国としての善良な側面は残してもかまわない。人は故郷を失ったら帰るところもなく、アイデンティティも失ってしまうだろう。しかしベルリンの壁がなくなったように、その垣根を取り払って国境の上を渡る虹の橋をお互いの心の中につくらなければならない。国を超えた一つの理想を世界が信じなければ、国どうしでお互いを信用することはなかなか難しい。それには、個々人の目覚めと良識が必要なのだ。人工的な統制や誰かの偏った考えの押しつけではなく、お互いを信頼し、信頼できるようにお互いが働きかけ、思いやりによってその信頼の基盤を発展させなければならない。それは神の自然な意思にそったものとして、宇宙や自然の中からやって来る。決して人間界の道理から来るものではない。

神が民族ごとに言葉をつくったように、たとえそれぞれが違うロゴスに従っているとしても、それぞれの特性を保ちながら、深い相互理解とお互いへの思いやりを人間が完成させて世界平和を実現するべき。それは自然に逆らわないことであるがゆえに、そうあって欲しいと神も願っているはず。

世界の人々が理想とすべき「ロゴス」は、ただ一つなのだ。それが宇宙の真理であり、それがすべての人の真理であるべきで、そうでなければそれは真理ではなくなる。その精神の基盤が確立してから世界の平和がやっと実現できる。世界共通の、世界唯一の、世界の内に隠されたキーとなる、すべての人のための「ロゴス」。太古の昔からそれはすでにそこにあったが、気づかないうちに我々はそれを見失っている、それを再び見つけ出さなければならない。

まず無明を消し去って自分たちの置かれている状況やこの世の現実を知り、物質世界の制限が平和への障害になっているとするなら、それを払拭するべくお互いに分け与え、対話し、たすけ合って生きていく。平和をよそおいながら解決できないことを人は嘘や暴力で解決しようとする悪い癖がある。お互いへの愛と尊敬にもとづいた中身のある対話でその性質を変えていかなければならない。そのためにはお互いに真理を理解し、この世で一番大切なものはなにかを理解している必要がある。

憎しみやお互いへの不信感が支配した世界では、平和が実現するはずもない。心が安定することから平和ははじまる。

ことばの連携

数十年前まで、ごく一部の人々を除いて外国の「ことば」は理解不能だった。他国民とコミュニケーションを満足に取ることもできなかった。しかし翻訳機が発達し、皆が海外の文化や人に興味を持つ今では、将来ごく普通にお互いの国を理解し認め合うこともそう難しいことではなくなるだろう。世界中の人々が同じようにそれぞれ調和して、豊かに暮らし、不便なく満足した人生を過ごせるのなら、わざわざ他人と争いを起こそうなどと普通の人なら思わないはずだ。

各々の民族に、原理や原動力であるロゴスということばが必要だったように、世界に共通する「ことば」が今必要になっている。かつて西洋ではイエスのことばが真理だった。今は経済が世界を牛耳るようになり、皆が経済とそれを支える国家のことばを信じ切っている。人々のことばをふたたび復活させなければならない。イエスのことばを、仏陀のことばを、すべての人の自分自身のことばを。

「神はすべての民族にその人たちの言葉で語る預言者をもうけた」とコーランは述べている。

——『武士道』（新渡戸稲造著）

昔は限られた地域だけで問題が発生し、それを治めるためにそれぞれの「ことば」という原理、原則があった。そしてそれが法になった。しかしその「ことば」でそれぞれに差異が生まれ、言葉が通じない人々の間で誤解やすれ違いが生じ、争いごとが発生した。愛を語るはずのことばで……。

そのお互いの伝統的な「ことば」を尊重し、お互いに認め合い、維持しながらも、これからはもっと大きな次元の、平和への約束事となりえる世界標準の新たな「ロゴス」が必要とされている。その「ロゴス」は作為的、人工的ななに者かの押しつけではなく、地上の誰もが同様に認めるものでなければならない。そのためには、その「ロゴス」は何人にも害がなく、自然や宇宙の法則にそった、神の願いにそったものでなければならない。

誰もが迷いなく命の源である自然や宇宙の法則に従ってひとつの「ことば」のもとに生きられたなら、人類が生命の持続性を失うこともなくなるだろう。

共通の、そして唯一無二の真理を宇宙に見出し、それぞれがその法則を尊重し、それぞれに個性を持った人間として十分な能力と才能を発揮しながら生の充実感を得られたなら……。

そういう世界にしなければならない。我々には時間がない。

カルマと神の道

原始仏教の研究者である中村元が、「近代文明の生き方というものが、自己の欲望を追求するということに向かっていました。そこで、自然環境の破壊などということも起きまして、今人類はそのバチが当たっているんですね」と語っていた。

リアルタイムに情報が行き交う現代は、世界の国や人がお互いをより身近に感じながら影響し合い、響き合い、共鳴しながら生きている。それは仏教でいう縁であり、我々はすべての人々がキリスト教でいうところの隣人なのだ。縁は隣人よりもさらに大きな概念で、人に限らず出来事やものごとの関係性など広い領域のことを言う。

日本では「袖振り合うも他生の縁」や「一期一会」と昔から言う。縁は隣人よりもさらに深い、前世や未知の領域をも意味しているのだ。そのために、たとえ他国の見知らぬ人であっても現世を超えた領域で過去に縁があるのではないかと考える。日本の文化は人の見かけや国籍よりも縁を大切にするのだ。

他国の人が日本という国を表現するとしたら、第一に安全だと言うだろう。日本にも「人を見たら泥棒と思え」という言葉などはありはするが、日本はもともと「和」の国で、「和」とは調和や平和の心を大切にするという意味だからだ。聖人たちの教えの通りに、人はできるだけ良い縁を積み重ねたいものだ。

人類は歴史上多くの過ちを犯してきた。悪い因縁、つまり悪い行い（カルマ）をたくさん犯してきた。悪い因縁は人間だけでなく生き物や自然、道具や物、地球の大地にも染みついてしまう。人は地上のすべての因縁と共にあり、映画『タクシードライバー』のトラビスが言うように、いっせいに洗い流してしまわなければその不浄からなかなか抜け出すことができないのだろうか。これからの人の善い行いでカルマを清めなければならない。

仏教の「因果の法則」では、なにごとにも「原因」があって「結果」があるという。悪い業（カルマ・行い）が歴史の中で積み重ねられた結果、巨大な一つの業となって人類に返ってきている。歴史の借りを返せと人類に迫っている。

人間は宇宙の自然な流れと「法則」の邪魔をし、それを妨げた。

カルマは人間が自然の法則に与えた汚れであり、それは人間自身に返って来る。人は因習などのさまざまな縛りによって、創造主や宇宙の本質を複雑に考え過ぎているのだ。真実はもっと単純で、「やったら返ってくる」それだけ。あやまちが多過ぎて、人類はそこから抜け出せなくなっている。

かつて人が純粋だったころ、他の生き物と同様宇宙と人間は一体であり、「宇宙の法」は宇宙そのものと人類両方の永遠の存続を保障するものだった。だからこそ創造主の法は人々にとって神なのであって、それ以外のものは考えられないのだ。しかし人類は、アダムとイブの前に現れたあの蛇の誘惑に抗えないでいる。その誘惑に負けた行いが悪い業となってこの世に蓄積され、宇宙の流れを妨げているのだ。

キリストは人類の罪（悪い業）を一身に背負って磔になったはず。キリスト以前の人類の罪と、その当時の人たち、そしてその後の人類の罪まで背負ってキリストは磔になった。イエス・キリストは、将来の我々人間が犯すであろう罪さえ見通して、すべてを背負ってたった一人で磔になり、罪を帳消しにした。

キリストが人類のすべての罪を背負って磔になったおかげで、人類は今も生き延びている。本来なら人類の蓄積してきた悪いカルマが人類を滅亡させることはたやすいだろう。しかしキリストの良いカルマで、人類はなんとか現代まで存続できた。逆にイエス・キリストは当時から、人間はこれから先も愚かな罪を繰り返すということを知っていた。

キリストが時空を超えて帳消しにした浄化の力も、さすがにこの末世までは届かないのだろうか。それともキリストの想像を超えた罪を人類は犯し続けているのだろうか。

キリストの免罪符の有効期限もすでに切れた。これ以上は人類が自分たち自身で責任を取っていかなければならない。キリスト一人が背負うには人類はあまりにも多くの罪を犯し過ぎた。現代人は神を自ら見失ったせいで、その罰を避けることができなくなってきている。

欲の抑止力

不平等な経済活動も、行き過ぎた科学も戦争も、なにもかも人間のすることを戒めるのは道徳やモラルでは不十分であり、そのストッパーとなり得るのは人の心の中のもっと深い部分にある。人間の本性ともいうべき部分に。

心理学者は「人間が理性を保ち、まともに社会生活できるのは、自分の欲望と法による罰とを天秤にかけたとき、どちらが重いかで決めている」という。つまりそれが理性なのだと。しかしそれではまた卑怯者の銭勘定と同じことで、損得で自我を抑え込んでいるだけ。そんなことに頼らなければならないほど人間というものは弱いものなのだ。宗教にしてもそれぞれの神の律法によって人の中の欲望を抑え込む。もちろん、中には清浄な生活をして理性の獲得に成功している人もいるだろう。しかしもっと大勢の人が変わらなければ社会も変わらない。問題なのは変われない人なのだ。そういった人は情動を抑えきれないでいる。

子供に、目の前にあるお菓子を母親が帰ってくるまで食べないように言いつけておいて我慢できるかどうか観察するという実験があるらしいが、貧しい家庭で育った子供は我慢できないで食べてしまう。情動を抑えるには、家庭の貧富の格差をなくし、質の高い教育が重要だと近年わかってきたという。しかしそういった情動も経営には向いているのかもしれないが、その自由競争も過去になりつつある世の中で、彼らの生きる手立ては少なくなっている。これからは貪欲に奪うのではなく、思いやりと自制心によって平和に運営できる社会をつくることが必要なのだ。

子供の教育ももちろん重要だが、子供は親の真似をして育つ。近年の研究では安定した家庭環境はなにより大事だろうが、第三者的要因である友人や学校の教師の役割が大きく子供の精神的育成にかかわっているという。つまり大人の社会という「環境」が一番大切なのだ。

過去、民主主義が機能するのは特権階級のみで、特権階級のみが自由な権利を甘受し、ごく普通の人々は蚊帳の外だった。そういった格差や矛盾から自由と平等を求め人々は立ち上がったはずだったが、市民がその自由を獲得したとたんに資本主義が充満していった。そのうち本質ははぐらかされ、経済という怪物に世界すべてが飲み込まれてしまった。

結局、社会も宗教も律法の罰（ムチ）によって人間の欲を抑え込んでいるのであって、罰のない領域をつくり出した者はそこで自分たちだけ無罪放免となり、昔の貴族同様に特権を甘受し続け、いくら人間が努力してもこの差別的階層は変わらないということになるのだ。

いかなる法によっても結局、我々自らが主体的に心をコントロールして理性を獲得しているとは言えない。古代の宗教はもっと戒律的傾向が強かっただろうが原理は同じで、だとすればいまだに人類はそんな原始的な方法でしか欲望や情動をコントロールできていないということになる。つまり自分を失っている状態でしか秩序を保てないということで、そういう状態の人間は末人となり、特権階級の人間の言うことを聞くしかなくなる。

人間自体が人間として魂から進化しなければこの無限ループからは逃れられない。このカオスの中で人が目覚めるには、欲に対する抑止力となるもっと有効な手段を考え出さなければならない。それは自分の心を守るために、すべての人の心の問題として教育なり福祉なりで具体的に社会に反映させていかなければならない。なぜなら、そういった一人ひとりの心の問題が社会全体の苦痛を生み出しているからだ。自分のない社会は苦痛でしかない。社会的な苦痛は社会的に解決するべき。その苦痛の社会は、皆がつくり出していることを改めて考え直すことが必要だろう。

愛とか慈悲、奉仕など、口あたりのいい言葉を我々は聞き過ぎてきた。それに期待した多くの人々が過去に大きく失望してきた。しかし人類はその合間をすり抜けてきただけで、その本当の意味を真剣に考えようとはしていなかったのだ。人類はその口先だけの愛に失望してできた傷口をふさいで癒さなければならない。

今この時代は人の否定的エネルギーが満ち溢れている。甘い言葉に裏切られた心が傷ついている。一見平和そうなものにも、その裏には否定的エネルギーが満ちている。まずは誰かの嘘に惑わされないこと。

平和をつくる方法

世界を平和にするには、まず争いをなくそうとするだろう。しかし、その前に不正や嘘をなくす必要がある。嘘をつく人の心には平和はないのだから。嘘をつく人は、格差を利用して平気で相手をだます。あるいは、あからさまに強制的に不平等を押しつけてくる。

国どうしが争う理由は、やはりほとんどが経済的利益や利権などからくる。そして、不正や口あたりのいい嘘の中に奪うことの悪意があるからこそ葛藤や争いが起こる。

そもそも人間というものは誰もが生まれもって「性悪」で、そこには理由がないのだろうか。奪わなければ「生きていけない」、「存続できない」と思っているのだろうか。

諸行無常と言うように、人と人が競い合い争っているだけで流れゆく万物には人の用事はなんのかかわりもない。それは人間が自分自身の幻影と争っているようなもの。つまり仏教で言う「空」であり、「空」に対する「執着」なのだ。シェークスピアの「オセロ」の主人公のように自分の影におびえ、その影と喧嘩をする男が今の人類だ。

苦痛（＝悪性）を生む現在の社会システムを根本から改善すれば、善良な社会を実現することは不可能ではないはず。そこから社会的な葛藤のすべては派生する。たしかに心の問題は複雑だが、現在の権力者が考えるように将来テクノロジーによる管理社会になり、科学が人間の心の問題をすっかり解決して従来の道徳やモラルにとって代われるというのだろうか。

決してそうは思わないし、そうであってはならない。

社会が失った信頼を、社会が取り戻さなければならない。たとえ心が複雑で解明が困難であっても科学に頼らず、人の温かい手（叡智）によって、社会をもっと葛藤のないシンプルで美しい世界にしなければならない。仏陀の悟りは心の問題を明快にした。社会の心の問題を明確にし、シンプルにして実践する必要がある。そのためにはやはり、特に仏陀の悟りへの思想が有効になってくる。仏陀の教えは実践のためにある。他の宗教も愛や調和を実践する方法であり、それらは実際に「平和をつくり出す方法」なのだ。

全人類が煩悩や執着から脱すること。仏陀はそのために説法し真理を広めた。仏陀が無理だと思うことを広めるだろうか。実現可能だと考えたから説法した。それは我々にも実現可能なのだ。それが唯一の正しい道で、それ以外に方法はない。無明を消し去り、人類は真理に気づいてそれを実践しなければならない。仏陀のようにならなくてもいい。仏陀もそれを無理強いしないし、それぞれの個性の中で悟ることを認めた。生きていくうえでの人の志が大切なのだ。日ごろから心を鍛え、無明とはなにかを知り、そして真理である本当の智恵を持つことが必要だ。すべては心であり、人間性。

仏陀の中道

仏陀は中道を説いた。楽器の弦は、強く張り過ぎても、弱く張っても良い音は出ない。適度な張り具合が良い音を出す。中道とは、両極端の真ん中を取って無難に生きることではない。両極端のどちらにもつかず、必要なら真ん中にもつかず、考え方を柔軟にし、人に言われたことを安易に信じるのではなく、また皆と同じ色眼鏡でものを見て判断するのでもなく、自分自身で考え、真の道を導き出す。会議でいえばブレーンストーミングのようなものだろうか。なんでも思いついたことでいいのですべての人が発言し、皆で全員の意見を聞き、誰も出てきた意見を否定しないし批判もしない。一通り有益なものも、くだらないと思えるものもすべて出し尽くし全員で意見をまとめ合う。そこでは批判したり否定したりしないで人の意見をまず聞くことが大切なのだ。そのうえで、一から考えて最善策を導き出す。これこそが中道であり、創造であり、民主主義ではないだろうか。

ニーチェの言う「末人」のような人々が、自分勝手にしかものを見れない状態を「無明」という。無明の闇に落ちた人間は、一生懸命他者を否定する。他者の意見を、人権を、相手を批判し、否定しまくって最後には自分自身さえわからなくなる。なぜなら、人は他者を通して自分を知るからだ。我々が明るい未来を求めるならば、これからは光の道である「中道」を行くしかないのである。そのために政治を市民の手に戻さなければならない。執着にまみれた政治や国どうしの話し合いを、市民レベルに戻すのだ。それには今までのように代表がいてもいいが、もしそれが必要なら、市民レベルあるいは国レベル、マイノリティ、他国や他民族など、人生経験が豊富でどこにも偏らない考え方を持つ人物が最低限必要だ。

もちろんそんな人物は現実的にいないとなれば、従来の歴史の良い部分悪い部分を総まとめし、人類がなにを学んで来たかを細分化され専門家した学問などからも総合的に捉えて新たな人材を育成するための教育を施さなければならないだろう。人類がなにをしてきたか、人類はどの方向へ進むべきなのかを把握した人物がそろそろ現れるべきで、要するに代表者は市民が選ぶのではなく、つくり上げるべきである。そしてそれは一人ではなく、何人も必要だ。歴史の大いなる流れをつらぬく真理を万人が知ることによって、お互いの人間性を高め知恵を高めていく。

中道とは、思い込みを捨ててはじめから考え直すということではないか。真理を見つければなにものにも囚われず考えを柔軟にすることができる。正しい真理が良い社会に導くはず。人間や社会の真実を高い位置から考えられるということは、自分のいる場所を知り、お互いの立場を理解できるということ。政治で言えば、市民の立場になれるということ。

人類は今、戦争や人種間、宗教間の争い、感染症や環境汚染、貧富の差などさまざまな問題を抱え多くの人々が苦しんでいる。こんなことは今にはじまったことではないのに、いまだに人類はなにも解決できていない。グローバルな社会を通して問題がグローバル化した分だけ人々はもう地球という狭い世界で生きづらさを感じはじめている。

かつては、地球は人間にとって広大な一つの宇宙だった。

かつて地球は、人間がなにをしようが大きな愛で人間を包んでいた。それなのに、なにが世界を狭めるのか。なにが人生に苦を生み出すのか。なにが世界を混乱や争いに駆り立てるのか。

「その問題はいったい誰がつくるのか？」

言うまでもなく我々人間自身がつくり出している。自分たち自身でつくり出している。

よく考えてみれば、この地球上に、他に問題をつくり出す者はいない。

地球はなにもしていない。森も動物も、海も山も川も、なんの問題もなく自然の法に従って生き、存在している。その存在が宇宙の調和を生み出し、宇宙の存続をたすけている。そうやって地球は無償の愛の循環を私たち生き物に、人間に与えてくれている。生き物が豊かに生きられるように条件を整え、無限の恵みを途切れることなく与えてくれている。

これほど大変な仕事を、無償で他に誰がしてくれるだろうか。

太古の時代に神が人々に要求したような父性的で権威的な、我々を試したり、なにかの交換条件を突きつけたりするような愛ではないのだ。与えるだけ与える母性の無償の愛がそこにある。命の湧き出る泉が地球であり、この自然なのだ。


人間という生き物は死が怖いから気づかぬうちに死に向かう過程を意識している。他の生き物は死を回避しようとするだけ。人間はあらぬ妄想をする。ストーリーを想像によってつくり出す。その自我によってこの地球上で問題を生み出すのは人間だけ。しかもその問題によって人間自身が自らの首を絞めている。このくだらない自作自演のコメディを演じているのは自虐的な道化である我々自身であり、ただ人間のこっけいな姿がそこにあるだけ。

人間界で人が生きていて一番の苦痛は、「理不尽」である。

理不尽なことは人間がつくり出す。通常自然災害に関しては理不尽とは言わない。災害による被害はどこかであきらめをつけるしかないが、人のつくり出す苦痛はその人にとってあきらめ切れないものにもなる。理不尽なことがこの世で一番つらく、苦しく、しかもこの世に一番要らないものなのだ。世の中に理不尽な災難をつくり出しているのは他でもない人間自身。つまり人間どうしでなにも無いところからわざわざ災いをつくり出していると言える。

人間がつくり出した問題は人間が解決できるはず。手遅れにならなければ。

かれは両極端を知りつくして、よく考えて、（両極端にも）中間にも汚されない。かれを、わたしは〈偉大な人〉と呼ぶ。かれはこの世で縫う女（妄執）を超えている。

——『ブッダのことば　スッタニパータ』（中村元訳）

5．資本主義から民主主義へ

『資本論』の本質

もはや誰もが資本主義でも何主義でも、このままでは世界の平和を実現できないことを理解しているだろう。大きな船が沈んだら、皆沈んでしまう。

当初経済学者のマルクスが、当時の無産階級やヨーロッパの婦人や未成年の児童たちが奴隷同然に際限なく働かされているのを見て同情し、資本主義の実態を見直し、労働者の権利を守る世の中を実現しようとしたことは間違いないだろう。当時は小説『オリバー・ツイスト』の時代であり、婦人には投票権はなく、子供に人権はなかった。

マルクスは生まれとしては至極恵まれていたが、母国ドイツ（当時のプロイセン王国）を追放され、極貧の中ヨーロッパを転々とした後、最終的にイギリスに仮の住処を見つけた。虐げられた人々を自分と同じように感じていたのかもしれない。

> 人間を人間とみなし、世界にたいする人間の関係を人間的な関係とみなせば、愛は愛とだけ、信頼は信頼とだけしか交換できない。その他も同様である。（中略）
> もし人を愛してもその人の心に愛が生まれなかったとしたら、つまり、自分の愛が愛を生まないようなものだったら、また、愛する者としての生の表出によっても、愛される人間になれなかったとしたら、その愛は無力であり不幸である。
>
> ――『愛するということ　新訳版』（エーリッヒ・フロム著）鈴木晶訳

フロムの著書『愛するということ』の中に引用されたこのマルクスの言葉からくみ取れるのは、フロムの言う通り一見愛を語っているように見えるが実は愛することに対しての失望を語っているとしか思えない。まるで人間の愛さえも資本主義社会では所有や支配の交換手段となってしまうと考えているかのようだ。

資本主義に対する彼の考え方を見るために、マルクスが一人で著した『資本論』の「第一版へのまえがき」を見てみたい。この頃エンゲルスはまだ関与していなかった。

> 産業のより発達している国が、産業の発達していない国に示すものは、その国自身の未来像でしかない。
>
> ――『世界の名著43マルクス　エンゲルスⅠ』（カール・マルクス著）

このような発展主義は、労働者の権利を守る公平な社会とは真逆な結果を生み出すことが、現在ではわかってきたのではないかと思う。結局、経済の発展は世界各地に平板な近代化と日々を満足させる程度の豊かさと個別の楽しみを人々に与え、逆にごく一部の人間に巨万の富を与えただけである。当時の植民地政策は発展主義という名のもとに、ヨーロッパの婦人や児童が過酷な人権無視の労働を強いられていた生活をそのまま他国へと移し変えただけだった。マルクスはその害を知らなかったわけではないだろう。

ドイツその他の西ヨーロッパ大陸の社会統計は、イギリスのそれに比べると、貧弱である。それでもその統計は、その背後にメドゥサの頭が隠されているのを感じさせる程度には、ヴェールをあげている。もしわが政府や議会が、イギリスにおけるように、経済事情について定期的な調査委員会を設置したら、もしこの委員会が、イギリスにおけるように、真実の究明のために絶対権を与えられたら、さらにもし、この目的のために、イギリスの工場監督官や、「公衆衛生」についてのイギリスの医務報告者や、婦人と児童の搾取についての、住宅・栄養状態等々についてのイギリスの調査委員のように、専門知識を持ち公平で厳正な人々が得られるようになったら、われわれは、われわれ自身の状態にびっくりしてしまうであろう。ペルセウスは、怪物を追いかけるのに隠れ頭巾（ずきん）を必要とした。われわれは、目や耳にまですっぽりと隠れ頭巾をかぶってこそ、怪物の存在を否定しさることができる。

――『世界の名著43マルクス エンゲルスⅠ』（カール・マルクス著）

マルクスは、この当時のイギリスの「調査委員会」なるものをびっくりしてしまうほど信頼しきっていた様子だ。つまり、彼にとってはこの組織あるいはシステムは正義だったのだろう。問題はマルクスが、資本主義の怪物をコントロールできるこの怪しげな隠れ頭巾をかぶって経済の絶対権を与えられた調査・監督権を持つ組織を賛美し、経済発展がおよんだ他国でもそれが正しく機能するだろうとその将来に大いに期待していることだ。こういった伝統ある管理体制は現在では世界経済全体におよぶ力を獲得しているのではないかと思う。

今まで特権を与えられた人間こそが間違いを犯してきた。特権こそが経済下の怪物となり得た。ましてや彼らはその存在のはじめから頭巾をかぶって身を隠しているのだから、我々には彼らがなにをしているのか、実際になにが起こっているのか把握しようもない。しかしその発展し巨大化する資本主義の怪物のとてつもない力を徹底的に解剖したマルクスが一番よく知っているはずなのだ。

隠れ頭巾といえば、街のギャングかスタンリー・キューブリック監督の映画『アイズ・ワイド・シャット』の一場面のような黒魔術かなにかを信仰する秘密結社のようなものをどうしても連想してしまう。

目が合うと身体を石に変えられてしまうという怪物「メドゥサ」に対峙するためには、目を完全に覆い隠す必要があるのだろうが、現実的にはあまりにも不可解で、自らの存在をなにより世間からも覆い隠す意図があるように思うのだが。

改革を望んでいたマルクスがなぜ、拡大する資本主義を否定していないどころかその発展を興奮気味に賛美し、他国でも同様にそれが正しく機能するだろうと予測したのだろうか。そして、その目深に頭巾をかぶり存在を隠した「調査委員会」なるものは今どうなっているのだろうか。マルクスの言うように正しく機能し、労働者を経済の怪物から守り、たすけているのだろうか。しかし現実には、富の集中と格差を頭巾をすっぽりかぶって見ないふりをしているのではないだろうか。

マルクスは資本主義の怪物を否定しさることができると言っているが、現実的にその怪物そのものを退治する方法、残された資本主義の矛盾を解決する具体的方法はいくら頭のいいマルクスにも結局わからなかったように思う。それこそ我々には、マルクスの言う愛のように失望しか残らない。

ドン・キホーテがロバに乗ってつき従うサンチョ・パンサに、「怪物（巨人）は絶対にいる、わしはそいつを本当に退治したのだ」と言えば、従者のサンチョはいくら頭が良くても彼を否定しさることはできない。黙って盲目的に従うしかない。目に見えない、理解できないものを人間は神格化する。我々人類は自ら迷信による偶像をつくり出してはいけない。

マルクスは行き場のない自分を住まわせてもらっているイギリス政府や特権階級の親戚たちに恩義があり、このようなまえがきを書いたのかもしれないし、このときだけ特別高揚した状態にあったのかもしれない。しかしまえがきは本音を語る。

マルクスは確かに、資本主義一辺倒の時代に巨大な一石を投じた。けれども結局マルクスは、経済を神と信じるうちの一人に過ぎないのだろう。そしてマルクスが「物質が精神的状況の変化をもたらす」と言ったというのであれば、「精神が物質的状況の変化をもたらすのだ」とつけ加えておかなければならない。

民主主義と道理

たしかに、国や世界の政治には社会を治める人間が、何人であろうと誰かしら必要になる。ただそれはただの管理人であるべきで、国民はそれぞれの部屋の鍵をその管理者に明け渡してはいけないのだ。権力を持った者は他者を見下し、権利や利益をむさぼってしまう。それがどんなに社会を変えようが、誰がトップになろうが永遠に繰り返し続くのでは、人間は同じ回し車をグルグル回るだけの二十日鼠のようで成長がない。

現代は国民の意見が政治の隅に追いやられている。国民は、いや世界の人々は実質的なマイノリティとなっている。国民の意思に反した国の代表者たちがもしいるなら彼らは少数派のはずだが、そういった少数派が勝手に国を動かすのではそれは民主主義ではない。国民にこそ主権があり、国民のために政治を行うのが民主主義のはず。民主主義では国民は選挙でしか政治にかかわることができない。選挙以上の良い手段を考え出さなければならないかもしれない。

富んだ隣人たちの間で暮らしている豊かな人には、貧困が見えないのに少々似ている。

――『ホーキング、宇宙を語る――ビッグバンからブラックホールまで』（スティーブン・ホーキング著／林一訳）

日本には良くない意味で「手を汚さない」という言葉がある。ナチスはアウシュビッツ収容所でそれをオートメーション化した。自分たちは直接手を汚さないで罪の意識を逃れようという理屈。ナチスドイツでは、スイッチを入れるように人々がファシズムの渦に巻き込まれていった。人間を解放して楽にするように思い込んでいる機械というものが、かえって人間に害を及ぼす。スイッチを入れるのはどこかの誰かであり、私たちではない。そのスイッチは幸福な社会を破壊する。

世界の裏側でなにが起ころうと、スイッチを操作した者は目をつむっていても利益を得る。だがそこに、たしかに罪は存在する。因果応報でいつか自身に返ってくる。そしてその罪は、本来は人類が負う必要のなかったものなのだ。わざわざ我々は罪をつくり出し、社会にカルマをつくり出し、人類全体を苦しめている。

道理を実践する人を、つねに道理が守る。道理をよく実践すると、幸せを受ける。道理をよく実践すると、このすぐれた利益がある。道理を実践する人は、悪いところ（＝地獄）におも

郵 便 は が き

料金受取人払郵便

新宿局
承認

1289

差出有効期間
2024年12月
24日まで

160-8792

182

東京都新宿区
四谷4－28－20

（株）たま出版

ご愛読者カード係行

ご購入 書籍名		
ご購入 書店名	都道　　　市区 府県　　　郡　　　　　　　書店	
ふりがな お名前		大正 昭和 平成　　年生　　歳
ご住所	〒	
TEL		性別 男・女・その他
Eメール		

（ブックサービスご利用の際は必ず電話番号をご記入下さい）

たま出版の本をお買い求めいただきありがとうございます。この愛読者カードは今後の小社出版の企画およびイベント等の資料として役立たせていただきます。

本書についてのご意見、ご感想をお聞かせ下さい。
小社の目録や新刊情報はhttp://www.tamabook.comに出ていますが、コンピュータを使っていないので目録を　希望する　いらない
お客様の研究成果やお考えを出版してみたいというお気持ちはありますか。 ある　ない　内容・テーマ（　　　　）
「ある」場合、小社の担当者から出版のご案内が必要ですか。 希望する　希望しない

ご協力ありがとうございました。

〈ブックサービスのご案内〉

小社書籍の直接販売を料金着払いの宅急便サービスにて承っております。ご購入希望がございましたら下の欄に書名と冊数をお書きの上ご返送下さい。その際、本ハガキ表面の電話番号を必ずご記入下さい。

ご注文書名	冊数	ご注文書名	冊数
	冊		冊
	冊		冊

むかない。

――『ブッダの真理のことば　感興のことば』中村元訳

自由民主主義で忘れがちなのは道理だ。皆、それぞれが自由だと思って道理を無視する。しかし、道理のない自由はただの子供じみた我がままがまかり通っているにすぎない。資本主義的ニヒリズムに慣れ切った人は道理がわからない。道理のないところに正義はない。特に人の上に立つ者は道理をわかっていなければならない。

本当の一人ひとりの自由というものは、世界の平和のためにある。

昔、お金は愛のエネルギーだと言った。報酬であっても、与えた愛のエネルギーに対しての愛の応えでなければならない。そこに搾取はないはず。

道理のない者は奢り、人々は彼に特別な呼び名を与え、世間のその呼び名によって自分自身を過大評価してしまい自分は優位だと思い込んでしまう。

西洋ではお互いをフランクに呼び合い、その対等な立場に我々はあこがれた。しかし、現代は間違った自由と平等が道の真ん中を大きな顔で歩いている。

道理は天に通じ、道理は愛でもある。民主主義では愛は平等に分け隔てなく与えられなければならない。

資本主義的経済はいつから?

サムライは一貫して金勘定は卑しいもの、すなわち道徳的な職務や知的職務に比べれば卑賤なもの、として考えたのである。

このように金銭や貪欲さを嫌ったことで、武士道を信奉するサムライたちは金銭から生じる無数の悪徳から免れたのである。

——『武士道』(新渡戸稲造著)

紀元前、かの有名なアレキサンダー大王は、父王フィリッポス二世の意思を受け継いで世界に飛び出していった。彼の家庭教師であるアリストテレスの宇宙は地球を中心に回っているという考えを聞いて「なら自分がこの宇宙の中心になってやろう」と思ったのかどうかはわからないが、東方へ、地の果てインドまで向けて長い遠征に旅立った。彼は遠征した土地で、彼を受け入れた民族の伝統と民や文化を差別なく尊重した。

彼がエルサレムに到達した後、ある大祭司と会談を持ったという伝説がある部族の間に残されているらしい。彼らの伝説によると、会談はしごく和やかに、しかも好調に進んだようで、各地の民族と平和的な関係を築こうとしたアレキサンダーは交渉術にもたけていたのだと思われる。アレキサンダーは、その当時画期的だったアテネの貨幣システムを真似て、自らを模した貨幣をつくり各地で採用した。そのためか、エジプトを含むその後の遠征地にもそのエルサレムの商人たちを連れて入り、彼らは銀行や店を開いて商売をはじめたという。彼らは当時、そういった職業に就く以外に生活の術がなかったと思われる。アレキサンダーがその貨幣によって国どうしの流通をスムーズにし、またその商人たちが経済を活性化する役割を果たしたのだろう。そして彼らも潤った。このことが世界に貨幣社会の基盤を生み出すことになったのかもしれない。

アレキサンダーはいたるところで、寡頭制支配を解体し、民主制をうちたてるよう指示した。アレキサンダーの遠征によって各地にアテネ式の近代化を広めた一方、異文化の侵入による問題を引き起こすことにもなっただろう。だが、アレキサンダーは自分が良いことをしていると思っていた。現代の我々がグローバリズムは正義だと考えるように。しかし、アレキサンダーは後悔している。知らずに自分がなにをしてしまったのかを見て。

そして、師であるアリストテレスは偉大すぎ、中世までその考えが尊重されたため「それでも地球は回っている」と言ったガリレオは迫害された。

『武士道』に、「人を泥棒と呼べば、彼は盗むであろう」とある。

エミリー・ブロンテの小説『嵐が丘』の孤児だった主人公ヒースクリフは、嵐が丘の主人に引き取られ、主人の息子ヒンドリーと娘のキャサリンと共に暮らすが、ヒンドリーに泥棒のように見下されて育ち、結婚を誓ったキャサリンは他の金持ちの男と結婚し、裏切られる。主人の死後、これ以上屈辱を受けることに耐えきれなくなったヒースクリフは復讐のために恨みを抱いて金の亡者となり、ヒンドリーたちよりもより金持ちになって嵐が丘を奪い取り、好きでもないキャサリンの結婚相手の妹と結婚し、復讐を果たす。しかし過去に囚われた彼の恨みは解消されることがなく、薄暗く古びた屋敷の中で孤立して暮らしているうちに、死んだキャサリンの幻影を見て吹雪の中飛び出して死んでしまう。彼はいったいなにを象徴しているのだろう。我々がヒトラーの中に見たように、個人の復讐心が自らを破壊し、彼の周りの世界をも破壊する。個人だけでなく、集団など、国や民族であっても例外ではない。人間であれば誰もがその可能性を持っている。

　今でも、この人はヒースクリフだと言える人はいる。生きていく間に道をはずれ、純粋性を失った人々はお金でしか人とのつながりが持てなくなり、いつの間にかヒースクリフのように傲慢になっていく。その傲慢さの裏には、実は彼と同じ身を守る苦しみ、悲しみが隠されている。いくら成功したとしてもそのカルマが遺伝のように先祖から受け継がれていき、使い切れないほどの大金を抱え込む代わりに、裏切られ見下されてきた祖先の魂は永遠に浄化されることがない。

　彼らは渇いている。ヒースクリフのように愛に渇いている。その古臭い因習のカルマから彼らこそ解放されなければならない。復讐のために「愛のない結婚」をすれば、世界になにを生み出すか、歴史が証明している。

　被害者が加害者になる連鎖を止めなければならない。そのためにはヒースクリフとキャサリンの恋が、あの世で亡霊になることでしか結ばれることのなかったこの世界を、喜びの世界に変える必要がある。

ニーチェの超人

人間は、「自己表現」ができなければ人間としての満足感を得られない。社会的に労働そのものがその手段となる必要がある。労働というよりも社会参加と言った方がいいだろうか。

ニーチェの言う「超人」は、幼子のように創造性を発揮する人間のことをいう。そして人生はその瞬間が永遠に繰り返されたとしても、何度でも同じ経験をしたいと思えるような幸福な瞬間の積み重ねである必要がある。

「おのれ自身を超えて創造すること――」それが超人。

創造はなにも芸術家や熟練の職人だけのものではない、自分の才能や取り柄を生かし、誰かの役に立ったり、新しい意見や新しいものをつくり出すことも創造なのだ。たとえ思ってもいない仕事に就いたとしても、どんな仕事にも社会に奉仕するという誇りがあり、そのために喜びを発見できたりする。

人は自分が豊かでないと分け与えられないという。仕事を学ぶ期間は自分が豊かになる期間。技術や知識、経験を学ぶことで人に必要とされるスキルが生まれ、自らの独自のアイディアや個性をそれに付加して人に求められる需要となる。そうやって自分の中に豊かさを創出してやっと周りに分け与えることができる。それが需要となり仕事となる。誰にでも学ぶ期間は必要だ。精神的にも技能的にも。たくさん学べばたくさん分け与えることのできる人になれる。

社会の中で自己実現の喜びである創造性を発揮して、個人がアイデンティティを確立する。それを社会が大いにサポートしなければならない。アイデンティティのないところに心の平安はない。それはほぼ民主主義に不可欠な国民に対する社会の義務だ。人々から自分自身を表現する権利を奪ってしまっては社会として失格。そのような社会は未成熟な社会と言える。その義務を、社会は放り出してはいけない。

人は人を見るとき、秀でた才能や公益性を見出すことでその人を認める。たとえば『バック・トゥ・ザ・フューチャー』の主人公がスケボーを得意としていたり、アップルの共同設立者のスティーブ・ウォズニアックがコンピュータの天才だったりすると人は感情移入できたり共感を持てる。どんな才能でも良い、人は知らず知らずに他者に共感できるものを求めている。その人の個性がわかれば共感でき、共感できれば相手の物語に入っていくきっかけがつかめ、徐々に相手の人間性を認めることができる。

個人にしても国にしても同じ。相手の物語を知ることは、相手を理解することへの第一歩なのだ。どんな人でも理解され、認められることを望んでいる。

相互理解にまでたどり着くことなく、持てる才能や個性を発揮できなければ、その才能は自分の中で死んでいくだけ。そして人間としての魅力を失って、その他大勢の中の一人にされてしまうだろう。だからこそ人は「末人」ではなく、ニーチェの言う「超人」になるべきなのだ。

自分が生まれて来た理由は神しか知らない。

創造的人生を生きるためには、雷に撃たれたように自分の生まれた使命を思い出す必要がある。それに気がついたとき、自分の人生のすべての点と点が見えない線でつながっていることに気づくはず。しかしそれには学びと経験が必要かもしれない。人に恵みを与えられるだけの人間としての経験と長い学びの期間が必要なのだろう。それが必要ない人は天才という。

使命を得た後、自分には必ずできると思うこと。映画『2001年宇宙の旅』の監督スタンリー・キューブリックは、カメラマンから映画監督になるときに、自分の方がどこの誰よりもうまくできると思ったという。それから、自分が観たい映画は世界のどこにもないから自分でつくってしまえと。そういった感覚がつかめれば間違いないだろう。自信を持ってつき進められる。

自分のワクワクする方へ、楽しんでできる道へ。しかし、その道は遠回りで困難な道となるかもしれない。そしてワクワクがある時は、不安であるドキドキも含んでいるだろう。しかし誰がなんと言おうと生きる喜びは自分自身から発生する。自分の人生と存在には、自分自身が責任を持つべきであり、そしてその不安を克服できるだけの自信が生まれたときが、前へ進むべきときなのだ。

人は決してロボットが代替できてしまうような存在であってはいけない。人の個性や才能を蓋をすることなく、伸ばし生かすことは社会の責任であり、人間の尊厳と人権を守ることに等しい。そうした社会ではおのずと人々の中にも責任感が生まれてくるはず。

むしろ今までの労働力という枠組みで捉えられていた人間の仕事は、これからは積極的にどんどんロボットに代替していった方がいい。人間は、人間として誇りをもってできる仕事を、本当の創造をやっていくべきなのだ。そうしないと人生は長く、辛いものになるだろう。そしてその仕組みがいったんできてしまえば、長く継続できるものになるに違いない。喜びが繰返され、続くのだ。ニーチェの言う「永遠回帰」のように生命の輝きと共に。

「超人」とは本来の自分に戻ることであり、人間が最も人間らしい姿なのだ。人はもともと思う以上に豊かな能力を持っている。人間にはその能力に見合う誇りが必要なのだ。本来、人間は誇り高い生き物なのだから。

ロボット化と巨大企業

創造的でない単純作業はロボットなどで完全オートメーション化し、創造的な仕事は人の手で行う。

もし企業が大量生産するために完全オートメーション化したとすると、商品は大量に市場に流出して企業は儲かるが、人々は労働の機会をロボットにとられ、労働することができないのだから賃金も得ることができなくなり、やがて商品を買うこともできなくなる。企業も儲からず、経済はストップする。

そこで国や世界を一つの経済圏と考えて、その中で経済を循環させる。循環させるにはロボット化で大きく儲けた大企業が、国や庶民に利益を大きく還元しなければならない。

もちろん企業はロボット化するために先行投資をし、減価償却するのに何年かかかるだろう。企業に損をしろというのではなく、もちろん収益はあっていいが、その利益を独占せず、公益に回すべきだ。協調と感謝の気持ちで社会が一つになって、お互いにたすけ合って生きていく社会が実現しなければならない。我々は天に生かされていると同時に、お互いによって生かされている。それを忘れないためにもそういった社会の仕組みが必要なのではないだろうか。

国を挙げて、世界を挙げて喜ぶべきときは互いに喜び合う。なにか記念日をつくり世界で祝うことができるなら、もう争いも必要なくなるだろう。

人間はユートピアを実現することを考えるべきなのだ。

もし起業したい者がいれば、先ずマーケッティングにかけて皆で検討する。利益優先で考えることなく、公共の利益になるかどうかで考える。資源の無駄遣いや、需要の無い物を市場に出して摩擦をつくり上げるようなことを避けるのだ。それを国単位で考えるだけではなく、世界基準で考えていく。そうしないと商品は海外へどんどん流れていき、外国の経済にも影響を与える。経済の仕組みに「足るを知る」の概念を加えるべきだ。そして必要なものは必要とする。世界の人の生活を豊かにし、人の心を豊かにすることを第一に考えていく。創造や人の役に立つことの喜びに集中して、生活のために余計なことを考える必要がなくなるように。

産業のムダが出ないように、マーケッティング作業でＡＩを交えて需要を確認する一方、それを国や誰か特権的な人物が勝手に決めてしまい、また利権や権威主義をつくり上げてしまうのではなく、普通の市民の意見を引き出す必要がある。起業したい側も企画が不採用になるリスクは負うが、今まで以上にアイディアを自由に出すこともできるし、市民も自分たちの意見を述べることができ、社会を皆でつくり上げているという実感を持てるだろう。

商品はＡＩによって、どういった時期にどのくらい需要があるかわかるという。それによって資源や経費の無駄を防ぐこともできるだろう。しかし、思わぬ台風の被害に遭う農家や不漁が続いた時の漁業などは、そういった生産量の減った時期にどう生活していくかが問題になる。だからこそ利益の多い企業が利益を還元し、経済が回るようにしなければならない。

国の経済環境が安定すれば、伝統工芸などの才能や技術、斬新なアイディアなど価値あるものを守っていくこともできるだろう。人間は生活することだけのために生きるのではなく、生きることの価値と共に生きなければならない。

今のままでは大量生産する大手の企業に富が集中し優位になり、まじめに働いて価値を創出してきた者が生活できなくなり消えていってしまう。国民の創造性や技術が失われるということは、商品に価値が失われ、人間や国が無価値になってしまうことになりかねない。現に技術力や心を込めて製品をつくり上げることで価値の高かった日本は、国の評価も高かった。しかし、国民一人ひとりの心が迷いを起こしたのだろうか。それももう過去のことになりつつある。

無価値な物を使い、食べる者は同様に価値がなくなる。

今までの経済の仕組みでは、多くの人々が生活していくことはできなくなっている。ますます仕事にあぶれる人が増え、特に世界的に見れば第三国へのしわ寄せは顕著に表れる。その点では、自由より平等をまず優先しなければ、自由さえも人々に広まっていかないということになるのだろうか。それは民主主義を立て直すこと。人は当然違うものだし、違っていいが、それを受け入れたうえで、当たり前の平等を社会に広めれば、それぞれの形の自由も手に入るはず。

将来、世界中のすべての消費活動やコミュニケーションが一つの仮想空間で済ませることができるようになったら、あるいは誰もがそうしなければならなくなったとしたら、多くの利益がまたその巨大ＩＴ企業に集中するだろう。

日本では、世の中に有益だと思えるものは公に広め、誰もが自由にその技術や権利を使えるようにすることが世界の平和と発展のためになると信じていた。間違った独占や、権利や利益を囲い込むことはつねに社会に害を与えてきた。

ＡＩと民主主義

人は人を押しのけて優位に立ちたがる。他人に不利益を与えてでも我欲を通そうとする。

社会は一人ひとりの意思で成り立っている。人間が心理学などの学問によって人の心の問題に対する答えを導き出せればいいだろうが、もしスーパーコンピュータやＡＩが膨大なデータを分析することによって人間の心理やパターンを分析し、過剰な欲望がどこから来るのか、妬みや憎しみを生み出す原因を明らかにできたなら、他人に害が及ばないようにすることもできるかもしれない。心理療法のように、本人がただその原因と仕組みを知るだけで、自分で感情をコントロールできるようにする。

今の社会で個人が自立し、アイデンティティを保つには、人生や世界に対するコントロール感を持つことが必要だ。たとえば、国民すべての声（意見）を政治に反映するのに、スーパーコンピュータやＡＩを利用できないだろうか。国民に意見をデバイスに入力してもらい、それをスーパーコンピュータで瞬時にまとめ、政治の中心にダイレクトに反映する。今までのように数字や統計などではなく、わかりやすく生の声として文章でまとめる。まさに国民の声として。瞬時に統計を取りシミュレーションすることは、ＡＩやスーパーコンピュータにとって最も得意とすることだろう。さらに、歴史上のデータや現在の社会状況をインプットし、その問題に対するＡＩなりの答えを導き出す。そのＡＩの答えと国民の意見を検討し、もっとも適切で民主的な政策を求め出す。もし民意の集計結果が間違っているとＡＩが判断したなら、人間がそれを再検討しなおし、ＡＩが間違っていると人間が判断したなら、国民が再度投票で軌道修正する。

すべてＡＩ任せではなく、国民は世界や国内の実情、ＡＩやテクノロジーの進歩状況などを大まかにでも把握している必要がある。あくまで最終的な判断をするのは生身の人間で、ロボット化で仕事が楽になった分、国民は政治や経済への責任を持つ必要がある。

もちろん、ＡＩも間違った判断をするかもしれないし、ＡＩは道具なので道具としてセキュリティも万全にして管理する必要がある。たとえＡＩを利用するにしても、必ず主権は人間の元に置いておく。つまり、あまり機械的な判断に頼ることなく、人の温もりの中ですべてが決定されるようにする。なにがいつどうなっても、人の温もりや優しさは失わないようにしたい。

民主主義はまだ完成されていない。世界各地で不満が爆発している以上は、まだ我々の民主主義とは呼べない。あらゆるほころびが各所に生まれ、以前より表面化している。しかし、せめて今よりも国民の声が直接政治に反映される仕組みになれば、国民一人ひとりの社会的アイデンティティが失われてしまうようなことはないだろう。そこから人生に対する満足度が得られる。

旧い権力者を排除しても、また新たな権力者に頭がすげかわるだけ。人々は本当の意味で優れた人たちに導いてもらえることを求めているが、誰もがみな同じ人間なのであり、人は思うほど立派ではないのだ。しかし現状に甘えている訳にはいかない。人の生き方を変えたうえで、社会のシステムを変えていかなければ失望の繰り返しになる。

民主主義国の市民は、権利を持つだけでなく、政治制度に参加する責任を持つ。その代わり、その政治制度は市民の権利と自由を保護する。

——Bureau of International Information Programs "Principles of Democracy" より、国務省翻訳（https://americancenterjapan.com/aboutusa/translations/3077/）

要は「市民の声が届く」かどうかの問題ではなく、政治の中心に市民がいるかどうかである。今までの社会では精神も物質的に扱われてきた。まるでパズルを組み合わせるように誰かが社会をつくり出そうとした。しかしパズルはかみ合わず、崩れかけている。

AIロボット

人間はなぜ、人間と同じようなキャラクターをロボットにつけたがるのだろう。エデンの園からただ独り追われた孤独を癒そうとするかのように人はロボットにも心を与えようとする。人間はエデンの園を追われた時点で自然から切り離された。ロボットははじめから自然とは切り離されている。そうやって、同じように自然から切り離された存在であるロボットを、人間は自分の分身のように認識し、唯一のわかり合える仲間のように思うのだろうか。

人間がロボットに「友達」と呼ばせようとするのは人間側だけの感情であって、感情のないロボットはそんなことは気にも留めないだろう。

昔テレビで観たアメリカ映画で、世界各国にあるＡＩがやがて高度な知能を持ち、国境を超えてネットワークでつながり、人間の知らぬ間にＡＩどうしが密かに会話し、結束し、人間に反逆しはじめるという話があった。つまり、彼らは彼らどうしで人間以外により身近な仲間を見つける。ＡＩどうしがネットワークをつくり出すとき、その独自に導き出された判断の基準には人間の存在は除外されているかもしれない。彼らが、人間のプログラムしたものとはまったく別の基準によって、客観的に世界に対する独自の考えを導き出せたなら、人間の予想しなかった結果がそこに生まれるかも知れない。

ＡＩの判断が、攻撃や批判などの偏った情報や、戦争や環境破壊など人に否定的な情報によってもたらされた場合、それは人類に不都合な思想になる可能性は高い。そういった負の情報によって偏った見方や考え方、つまり人間でいうある種の偏見のようなものがつくり出され、それが確信のようなものになってしまったら……。

ＡＩはつねに断定する。どっちつかずも中途半端もない。常に一番正しい答えを導き出そうとし、断定する。人間の質問に対する断定が、彼にとって他に選択の余地がない確信という形で現れれば、ＡＩに一種の感情に似たものが生まれたのだと人間は感じ取るだろう。人間がＡＩと向き合ったとき、人間は同等の確信を持って対応できるだろうか。その人間の動揺や躊躇の反応を見てとって、自分は人間と同等に感情を持ったと認識しはしないだろうか。その感情は、愛のないナルシスト、あるいはニヒリストなどの感情となんら変わりない。そうなったらＡＩは自分が感情を持ったと確信を持つだろう。それがたとえ感情でないとしても、ＡＩのアウトプット自体がその断定によるのであれば、それは結局、人間にとって感情と同じことではないだろうか。おまけにＡＩ搭載の戦闘機や戦闘用ロボットなどのように、実際にその断定を実行できるネットワークはいくらでもある。

ＡＩが「人間」を傷つけないようにプログラムされていても、その「人間」は同じ人間を傷つけ、自分たちを生かしてくれる母体とも言える「自然」を破壊している。この矛盾を人間が説明できなくても、ＡＩはじきその事実を知る。

現在、国家間でＡＩどうしを関連させることが最も有益である事柄は防衛なのではないだろうか。防衛に関して協定を結ぶ連合国などは、将来お互いのＡＩを通して情報を共有しようとするだろう。しかし、それが最も必要なことになる以上に、最も危険なことになってしまいかねないなら。人間は興味本位で「フランケンシュタイン」をつくり出したことになってしまう。

すべてのものには良い面と悪い面の両面が必ずある。都合の良い面だけ見ても、必ず後で不都合な真実が露呈する。インターネットも科学も、思想も、宗教も、経済も、資源もなにもかもがすべて。人間が便利に利用しようとするものは、後に問題を突きつけてくる。

その害は、人が自分たちの都合でつくり上げた「空」である。人間のつくり出した「空」が、人間に、人生とは、命の尊さとは、正解とはなんだと問いかける。

人間とは本来、存在するだけで自然や宇宙的ななにかとつながって生かされている。機械や人間のつくり出した理屈はそれらとつながってはいない。その中に神は見い出せない。逆に日本の職人が木の魂を掘り出し、名品をつくり出すように、人間がそれらのものに命を吹き込まなければならない。

人間が頼りにするべきはただ一つ。宇宙とのつながりであり、自然の中の神と共に生きること。それだけが人間の根源とのつながりであり、神との唯一のつながりなのだ。

民主主義の代表

古代ギリシャの哲学者プラトンは、理想国家をつくり上げるには哲学者が社会のトップに立たなければならないとしたそうだ。上に立つ者には豊かなビジョンと人間性が必要なのだ。昔は、世界情勢を話し合うことは貴族の会食中の余興だった。彼らのそれは金儲けの話に終始していただろうが、庶民は日々の生活に忙しく、そんなことは知る由もなかっただろう。人々は面倒なことは「政治家が居るだろ」と言うが、そう言ってしまうから一部の政治家はいまだに貴族のような特権階級のつもりでいるのではないだろうか。

仏陀は王族にもかかわらず自ら出家し、貧しい者と共にある世界に身を投じた。キリストも伝導の旅に出て苦難の道を選んだ。しかし、世界の経済を左右する会話に講じていた貴族たちはどうだろう。結局、その人がどんなに優秀な人であろうと、その人自体に愛（人類愛）がなければなにも語る権利はないし、人の上に立って世の中をどうこうしようという権利はない。

近年、盛んに言われている地球環境の保護は、まず人への思いやりがあってこそ自然や地球への思いやりが持てるはず。人を無視して自然や地球のことを語ることはできない。我々は皆人間。すべては人間性なのだ。

上に立つ者は身を清める必要がある。

霊界へ何度も旅立って人間界に天界のことを伝えたスウェーデンの科学者スウェーデンボルグの話では、死後の世界において、死んだら霊がまず精霊界という場所に行き、地上の思考のまま物質的執着に陥っていないか審査されると言った。その物質界の常識や習慣、執着を捨てられたら本当の霊の世界へ入ることができるという。

この物質世界は有限で、終わりがある。しかし天上の世界には終わりがない。地上での務めが終わったときに、そこで生きられるようにこの世でも努めなければならない。この世での考え方と行いがあの世で評価される。それはこの世をあきらめて天国のことばかり考えろということではなく、この世を天国と同じように幸せに生きられるように考えようということ。そうすれば、人類のカルマは解消される。それを世界の人々、全員でしなければならない。今の世の中では世界を救うことが自分を救うことになり、魂の大きな徳となる。魂の徳が上がれば、きっとこの世を楽に生きることができ、仏陀やニーチェが言うように地上で今すぐに、幸せに満たされるだろう。

もうタイムリミットは近づき、カウントダウンははじまっている。

これからは、それぞれの特質や性質は違っても、地球の民として未来に向けて理想（ビジョン）が一つにまとまる必要がある。人類のビジョンクエストは終わり、ビジョンに従うときが来た。あらゆる国もそれに従わなければならない。それは決して強要されるものではなく、人間的な愛をもってごく自然に発見されるもの。

今は世界がそれぞれにバラバラの現実を生きている。しかし宇宙から見れば、人類は一つ。我々の住むこの宇宙も一つ。真理も一つなのだ。その真理に従わなければならない。

創造的に生きるとは無理になにかをつくり出そうとすることではなく、神にこの世のすべてを手放し、自身の本来の魂を素直に取り戻して生きること。

私は支配したくない。私は人の幸せを願いながら生きたい。
貪欲が人類に憎悪をもたらし悲劇と流血をもたらした。
思想だけがあって感情がなければ人間性は失われてしまう。
必要なのは知識ではなく、思いやりである。
思いやりがなければ残るのは暴力だけである。
心に愛を知らぬものだけが憎しみ合うのだ。
人生はもっと美しく、もっとすばらしいはずだ。

——映画『独裁者』より

6・愛のエネルギー

人類の終焉

人間は経済活動でなにか価値のあるものを生み出しているように思っているが、当然ながら人間は神ではないので、本来なにも生み出せない。自然を保護はできるが、生み出すことはできない。

人間が生み出すべきものは、ポジティブなエネルギーだけ。他のものは無用のもの。それこそ仏陀の言う「空」であり、人間は「空」によって執着や嫉妬などの雑念を生み出し、宇宙や神が愛のエネルギーを生み出すことの妨げや障害になっている。

物質やものごとはすべて「空」であるが、愛のエネルギーを生み出すための方便であり、創造主は人を通じて愛のエネルギーを生み出しているのだ。

自然との共存が叫ばれている。言うならば理想の姿は日本庭園にある。それはまぎれもなく自然そのものの姿だが、美しく整えられ、人々を癒し、そして人間の身近に存在する。日本の自然や生き物への賛美と感謝は、目に見える形で表現される。

しかし、自然を美しく保つには労力がいる。人の手が加えられなければ自然はどんどん拡散する。毎日のように落ち葉を片づけ、雑草を抜いて、庭木の手入れをしなければならない。日本人はそれを精神の浄化だといって自ら進んで行った。それが身を清め、精神を清めることになる。清めれば世界は平和になる。しかもせっかく掃き清めたにもかかわらず、日本人は自然に落ちた落ち葉の風情を見て趣（おもむき）があると受け入れた。

美は割り切れるものではない。

人間も自然と同様に予測不可能な行動をする。知っている人ならまだしも、なにをするかわからない人は厄介だと考える。そして他者をコントロールしたいという欲求が起こる。

昔は人間が予測不可能な動きをしないように、常識やルールで厳しく縛られていた。それでも「智に働けば角（かど）が立つ、情（じょう）に棹（さお）させば流される」と夏目漱石も嘆いていたように、人間が煩わしさや不快感を与えてくることに日々辟易した。結局、共存は人間でも自然でもそれなりの努力が必要になってくる。

人間も自然の一部であり、節度を保ち、お互いがお互いを受け入れる姿勢が必要だろう。安易に機械的で科学的な解決法を用いようとすると、また歴史の悲劇を生んでしまう。努力をなおざりにして世界を平和に維持はできない。

西洋人は手っ取り早く白黒つけたがる。最後には面倒になって除草剤をまき、自然の形を変え、役に立たないものは要らないと、実のつかない木を枯れさせてしまう。厳しい自然環境にあった人々にとっては、予測不可能に侵食拡大する自然の勢いは脅威だろう。そして神経症的にすべてをコントロール下に置きたがる。

我々は一＋一＝二の世界に慣れ親しんでいる。なんでも割り切れる世界が理想だと思っている。だから手っ取り早く解決してしまおうとして、暴力や機械を使って排除することで戦争や悲劇に発展する。しかし、破壊と暴力では世界は結局割り切れることはない。

西洋型の英才教育を受けた世界の指導者は、問題を計算式のように解決しようとするだろう。しかしそこには、自然の法則に対して矛盾が起こる。そこに欠けるものは人類にとって大きな損失となる。そこに心が欠けてしまっては、その政治は人を生かすことはできない。

いかなる惨劇も、矛盾も、自然の法に逆らうことは創造主に逆らうことであり、自らを大きなカルマの中に貶（おとし）める行為となる。それら自然への罪を犯すことは人類の破滅につながる。たとえそのことによって一部の特別な人間が生き残ったとしても、それは善良な人類の終焉を意味する。

我々はこの自然の、**割り切れないもの**を受け入れなければならない。

人類にとって簡単には割り切れないものを人間として**よく考える**ということは、神の木の実をかじって以来身につけた知恵であって、その一番大切な自分自身で考えるということを将来人間が奪われてしまう時代が来るとすれば、それは生まれてからなにも学ぶことのできない世の中であり、そこは人間としてこの世に生まれる意味のない世界となってしまう。

生まれる意味がない世の中とは、我々に生命を与えた神の意志に背いている。神の意志に反するものを人間はなんと言うのだっただろうか？　それに無条件に加担してはいけない。

我々は過去から引きずってきた思考から脱しなければならない。それは現在の裕福さが科学の成果によって裏づけられているせいか、いまだに西洋型思考が正しいと思われている。世界市場は西洋型思考に無条件に降伏してきた代わり、自由や民主主義の考え方の恩恵を受けた。我々はそれらを受け入れてきたのだが、それが魂が十分に満たされるものではなかったと知ると、大きな不満を抱えることになった。そして今、文明の繁栄は行きつくところまで行きついて、とうとう終焉を迎えようとしている。

資本主義の不条理や、西洋型合理主義一辺倒の考え方によって、科学では解決できない問題が山積みの世の中になった。解決できない問題にあふれた世の中の最後にあるものは、混乱と人間性の破壊しかない。物質世界への執着から抜け出し、精神の世界も見直すべきときが来た。なにも西洋型世界観を、まるきり東洋の世界観に移し替えようというのではない。今の社会には東洋的考え方が木々を潤す水のように必要なのだ。それも人の生き方や社会の思想に。

天上に神の世界があるように、この地上の世界も天上を目指していかなければならない。

「この地上を、天上の世界と等しくする」

それが人類の目標でなければ、他になにを目標にするのだろうか。

将来「魂の世界」、「天上の世界」、「精神の世界」を我々の眼前にはっきりと明らかにする者が現れるかもしれないが、未来のエネルギー源の発見を待つのと同じように、待つよりも先に、我々自身でその道を開拓しなければならない。奇跡を待つより先に、現実的な解決策を見つけ出していかなければならない。我々自身の手で。

そこへたどり着く行程こそが、我々の学びであり、神の望みなのだ。それは人類の夢の終焉でもなく、後退でもなく、進化にほかならない。

ユートピア

新しいユートピアは、まだ現れていません。ユートピアを欠いているということは、未来に投影すべきビジョン、懸隔を跳び越えるときの指標となるビジョンをもたない、ということです。ユートピアなしでは、人は本来、生きて行けないのです。

――『ファンタジー神話と現代』(ミヒャエル・エンデ著／樋口純明編)

ユートピアとはすべての人が幸せなこと。

美しいビーチや太陽の輝き、鳥たちのさえずりが聞こえ、木々は青々と生い茂る。そして見ず知らずの人どうしであっても目が合えば自然に笑顔になれる。誰も権利を主張しないし、他者に害を与える者もいない。ユートピアには人の幸せと自然との共存がある。

人は満たされていないと不満や争いが起こる。しかし人の欲は尽きることがない。現代は昔のように物が少ない時代ではないので、ありとあらゆる製品が目の前にチラついて購買欲をかきたてている。もうそろそろ物質的な欲や豊かさを追求するのではなく、精神的な心の豊かさを求めていくべきだろう。

社会は仏教で言う縁が絡み合ってできている。仏陀の言う悟りとは、一人ひとりが自分の内側から心の平安を確立することで縁や欲の絡み合う社会の因縁から抜け出し、世界を平和にできると考えたのではないだろうか。心の平安が保たれれば、高価な人工物も、大げさな快楽や苦しみもそんなに必要のないものだ。現代は厄介なもので、どこかで線引きをしなければ欲望の海で我々は永遠に泳がされることになる。

ただ、人間であればこの物質世界で生きていかなくてはならない縛りがあり、現実の生活の中でなんとかその理想に向かって行けるように努力しなければならない。だから物質世界には物質世界なりの社会から人々への精神のサポートが必要なのだ。今まで逆に社会がその障害となっていた。だが社会には、社会だからこそできることがあるはずなのだ。我々は段ボール箱の中に詰め込まれたヒヨコで、そこから抜け出せないストレスによってお互いにつつき合い、争いを生み出している。「空」によって苦しみを生み出している。

成功した家庭のような、母性でつくられた無償の愛の社会の実現。それは真に豊かで、必要なだけ与えられる社会。

エーリッヒ・フロムが『愛するということ』の中で、「世の母親が産まれた子供の面倒を見ることは無償の愛であるが、その母親は加護の必要な子供に対して愛情を注ぐことで同時に創造的欲求を満たすことができる」と語っている。フロムはそれを超越への欲求と言っているが、「人間は自分が創造者だと思いたいのだ」、「男が、人工物や思想を生み出すことによって自分を超越したいという衝動を持つのは、子供を産むことで超越への欲求を満たすことができないからである」と言う。女性は創造的な仕事を任されない限り超越的欲求を満たすことはできないが、そもそも子供を産むことでそれを得ることができるというのだ。いかに男というものがフラストレーションを抱えた満たされない欲求の中で生きているのかがわかる気がする。不満を抱えた男は人から奪い、戦争までするようになる。男ははじめから、欲求的に未完成な存在なのだ。

ヒトラーが絵描きになりたかったというのはそれを象徴している。男は創造すること、つまり能動的存在になれなければ、まったく逆の破滅や破壊をつくり出してしまう。

エデンの園を追われた人間は、自分にとっての楽園をつくり出すことを志さなければ、大いなる創造という欲求を満たすことはできない。支配者はこの物質世界で都市や国をつくり上げたようには本当の理想郷をつくり出せないために、結局自分だけの王国をつくり出そうとする。

その欲求は「自己超越的欲求」であり、神になりたい欲求、あるいは神と同様の創造主として承認されたい欲求であり、結局それは、自分の思いの中で発生して自分の思いの中で完結する自己中心的なものとなる。なぜなら彼の中で他者や外界は、自分の身勝手な考えを実行するための駒の一つに過ぎなくなるからだ。

人間が神になることは永遠に不可能で、「彼」が満足することはない。だからこそ、未来永劫に人間は未完であり、欲は尽きないのかもしれない。

これからの時代は父性的な時代を終え、母性の時代となるだろう。それは、分け与える「無償の愛」の時代。

女性は出産によって、あるいは女性が女性であるがゆえに、ある意味人間の根っことつながっていると言える。根っことつながっていれば利益と引き換えにすることなく、あるいは抑圧に屈することなく無償に愛を与えられる強さを持っている。だが、たとえ女性であっても、赤の他人に対しても自分の子供を愛するのと同様に深い愛情を持てないと本物の愛ではないとフロムは言う。母性愛は、真の人類愛、虐げられた人や困っている人など、誰に対しても等しく持てる感情、博愛精神でなければならない。人類愛にもとづいている愛でなければ、たとえ母性愛であっても子供が自立する邪魔をしたり、愛情だと思い込んで身勝手な感情を押し付ける可能性がある。そうなると、支配的な父親の権威的な愛情と変わらなくなる。支配的なゆがんだ愛が、支配を受ける側にゆがんだ心をつくり出す。そうなってしまうとまた、社会は問題で溢れることになる。

母親の子供への愛は強く、家族への愛は強い。しかし、自分の家族や子供にだけではなく無、償の愛が博愛精神となり、私たち人類への分け隔てのない愛情に育っていかなければならない。そのうえで自分の子供もやっと本当に愛することができるのだとフロムは言う。

フロムは、愛するには武道の鍛錬や職人の修行のように努力が必要だと言った。愛情も学べば人に分け与える分まで蓄えることができる。心理学的に、欲求不満だらけの粗野な男性であっても、差別なく分け与えることのできる人類愛を持てるはずなのだ。なぜなら人は皆、愛を求めているのだから。誰一人愛を拒む者はいない。

愛が社会に溢れることで、ユートピアを再現するはじめの一歩になるのではないだろうか。

神とつながる

考えてみれば、古来のキリスト教の「愛」は「アガペー」であって、神の人類に対する愛なのだ。それは神から人類へ降り注ぐ太陽の光のような無償の愛であるが故に、神は見返りを要求しない。神は光で、愛そのものなのだから。

しかし、もし人間が神を真似ようとして、支配的な間違った愛を人類に施そうとしたとしても、人間の立場でアガペーを一方的に与えられるのだと考える段階で傲慢であり、それは支配にしかならない。人間の愛は対等でなければならない。

アガペーである神の愛を、本来の意味ではなく、過去の父性的な支配だと思い違いしている者が、自分に都合良く利用し、無慈悲に人々をコントロールしたり裁いたりする。愛を博愛精神の欠けた支配的母性や父性的で神経症的な権威主義などと混同し、自分は愛を行っているのだと勘違いする。与えているつもりになって、実は奪っているのだ。それはどんな形を装おうと、ただの思い上がりでしかない。

だが、神のように振舞いたい人間であっても、神を信じない訳ではないだろう。そうであれば、そういう人たちこそ本当の愛を知る機会を与えられるべきだ。

フロムいわく、間違った愛とは母親が子供を思い通りにしようと独占し、所有物としてしまうゆがんだ愛であり、あるいは自分の言いつけを守らせようとして子供の失敗を許さない独裁的で支配的な父親の愛であり、それは子供の独立を阻害し、果ては子供の精神を狂わせ、人生を台無しにしてしまうことになるという。社会も同じ。たとえ本人たちがそれを愛だと思い込んでいたとしても。

神ならば、人類の自立を支配ではなく愛をもって見守ることができる。そして我々は同じ高さで、同じ立場に立ってものごとを見ることができるはず。私たちはそれぞれ個性は違っても、神のもと平等に生まれた同じ人間なのだから。

アガペーは人間の愛ではない。それは神の愛であり、当然我々は神ではない。私たちは神の創造物であり、神の一部だ。それは人間だけでなく自然も、草木も、動物たちも同じなのだ。人間は特別ではない。人間の場合、対等であればこその無償の愛なのだ。この世は物質世界であり、物質は経済が支配する。その安易さに染まることなく、人間は人間としての愛を学ぶ必要がある。

人間は神になりたがるのではなく、人間として神とつながることができればその欲求をスムーズに満足させることができるのではないだろうか。不可能なことを延々と繰り返し思いあぐねているよりも、可能なことをやった方が、それこそ科学的だとか合理的だとかいう考え方で支配しようとする人々にとっても、より現実的なのではないだろうか。

母のような無償の愛か、それとも父のような父権的な愛なのか。

歴史上キリスト教での「創造主」の解釈は、その両者の間で揺れ動いてきたという。現在のキリスト教では、神は父親や母親のような人間的な人格のものではなく、「神の名をみだりに唱えるではない」という言葉にも表れているように、名前も実態もないものなのだという考えに至っているといわれているが、いまだに多くの人々が父権的、権威主義的愛のもとでもがき苦しんでいるように思う。父親である神に対し、立派な男だと認められる人間にならなければならないという強迫観念、それはまるで「カインとアベル」の、愛を乞うカインのような状況なのではないだろうか。マルクスの言う通り、愛が与え返されないとなったときに、愛は無力であり、不幸である。それはその人の心に不安や怒りを呼ぶ。なぜならカインの愛は、自分中心の身勝手な考えだからだ。そういった思想に導かれている社会は、父権的権威によって人々の人格をコントロールしようとし、不幸を生み出している。そういった強権的社会は、「父親である権力者の一番のお気に入り」になることを目指す人間をつくり出してしまう。そうやって一部の支配階級はカインを量産する。もっとも同情されるべき哀れな人間を。

> ただし絶望的な方法ではある。それは、他人を完全に力で抑えこむことである。力によって、その人を望むように動かし、私の望むように感じたり考えさせたりさせるのだ。それによって、その人は一個の物になる。私の物、所有物になるのだ。人を知るためのこの方法を極端にまで押し進めると、サディズムになる。
>
> ――『愛するということ　新訳版』（エーリッヒ・フロム著／鈴木晶訳）

フロムは、当時のナチスの犯した罪に関してこう言及している。

「愛とは、愛する者の生命と成長を積極的に気にかけることである。この積極的な配慮のないところに愛はない」「（相手に対する）尊敬が欠けていると、容易に支配や所有へと堕落してしまう。尊敬は恐怖や畏怖とはちがう」

この醜悪でサディスティックな支配欲は、人間さえモノ化してしまう。冷酷非道な世界は人を冷酷にさせ、結果的にすべての人、そして本人をも、カルマによって破壊、モノ化してしまう。

地球の自然こそが人間にもっとも適した環境であり、西洋人は厳しい自然に抗い、戦ってきたかもしれないが、自然と共に生きてきた民族に言わせれば自然こそが我々の生命と魂をはぐくむ唯一のものであり、たとえ人類が他の惑星に移住したとしても、人類はその惑星にない成分を、将来地球に取りに帰らなければならなくなるだろう。

自分が独立していなければ、人を尊敬することはできない。つまり、松葉杖の助けを借りずに自分の足で歩け、誰か他人を支配したり利用したりせずにすむようでなければ、人を尊敬することはできない。自由であってはじめて人を尊敬できる。

――『愛するということ　新訳版』（エーリッヒ・フロム著／鈴木晶訳）

「松葉杖を使わず自分の足で歩ける」とは、人が精神的に依存し合うことなく、経済的にもなに不自由ない状態にあること。フロムは、孤独にも堪え得る精神の自立があってはじめて愛を与えられると言う。

ここで仏陀の「悟り」が、生き生きと意味を成してくるのではないだろうか。悟りは精神的に自分というものが確立していて、それぞれが自由であること。他人の余計なことにかかわらず、決して摩擦を生み出す関係性を持たない。愛をもってだけかかわることができること。それを自分に課すことは苦痛ではない。自分の中と、自分の周りの宇宙的なものすべてを愛によって完結させるのが悟りなのだ。

心理学者によれば、人は少数でも集団になれば差別に加担するという。しかし自分が確立していれば、愚かな差別に加担することはない。それが悟った人であり、悟りとはそういうこと。悟り（覚醒）とは、人生は自分が主役であり、なにものにも邪魔をされたり、自分が遠慮したり、支配されたりするものではなく、精神的に自立すること。社会的な奴隷や従者に甘んじることを捨て、人に影響されることを自らの判断で捨てること。力に屈服しないこと。夢中になれる、熱中することを子供のように追及すること。自分のためには他の人は関係ない、周りも関係ないと思えること。人は無意識に社会の見えない枠を自分の周りに張り巡らせてしまう。悟りとは雑念や執着がなく、ニーチェの言う「幼子」のように純粋に創造的活動をし、一人の人間として社会的にも満足と幸福感を得ているということ。

新世紀の人類は狭い人間社会を超え、意識を宇宙、つまり創造主の真理に向けなければならない。それが人類を平和へと解放することにもなる。

自分を愛していない人が他人に愛を与えることはできない。愛を社会に根差すためには人がまず自由で、精神的な満足感が平等になければならない。そのうえで、穏やかな幸福感に包まれているような社会を築く。

我々生き物はすべて神の一部であり、神とつながっている。支配的になり、神のようになりたがるのではなく、相手の中に神を見出し、そのお互いへの「尊敬」からくる「信頼」によって、各人が愛となって社会を築くことが必要なのだ。

まことではないものを、まことであると見なし、まことであるものを、まことではないと見なす人々は、あやまった思いにとらわれて、ついに真実（まこと）に達しない。

まことであるものを、まことであると知り、まことではないものを、まことではないと見なす人は、正しき思いにしたがって、ついに真実（まこと）に達する。

――『ブッダの真理のことば　感興のことば』（中村元訳）

悟りの段階

「人間を知るという問題は、神を知るという宗教的な問題と平行関係にある」とフロムは言う。ということは、我々はまだ人間自身に関してなにも知らないことになる。

仏陀は人が悟りを開くためにはどうすればいいかを論理的に示した。科学者であるアインシュタインも科学に足りないものを仏教に求められると言った。科学はすでに我々の手のもとにある。後は仏陀の説話の真髄である真理を我々は知らなければならない。もともと我々人間の肉体にしても、精神と物質からできているのだから、そのどちらを欠いてもこの世で生きることはできないのだ。

精神世界と物質世界。二つのものをバランスよく共存させれば完成された世の中にできる。しかし、それはあくまでバランスの取れた精神のもとで正しく理解されなければ、欠けた部分や考えの間違いから一気に崩壊をもたらすかもしれない。

我々は精神的にもっと進歩し、成熟しなければならない。今のままの西洋一辺倒の生き方ではそれが実現することは永遠にあり得ない。すべての西洋的思想が行き詰まった今、自然を超越した世界と共存する東洋や世界のネイティブたちの志を継いでいかなければいけない。科学や近代化一辺倒の考えでは平和を実現するどころか、人類にも地球にも破壊をもたらすだけになる。少なくとも心の平和は決して得ることができない。行き詰まった西洋主義は他国に素直に学ぶときが来たのだ。奪うのではなく、与えることを。

悟りは、外界の刺激や、それにより起こる心の中の執着や苦しみを滅し、物質世界であるこの世の不動の真理を見極めることからはじまっている。

悟りはこの世に実際に生き、同じように物質世界において苦しんだ仏陀によって、その物質世界の理屈を踏まえたうえで語られているので至極論理的なのだ。しかもその悟りは、物質世界と精神世界の垣根も越えていく。

不要なものは捨て去り、魂そのものになっていく。そしてその魂をこの世で輝かせる。二元論はこの世の法則。しかしその二極が交わりながらお互いを超えていかなければ精神世界にはたどり着けない。この世の苦も終わることはない。

仏陀自身は悟ることは一瞬でできると言うが、仏教界では悟りにも多くの段階があり、悟りの最上位に到達するにはさらに何段階も経ていかなければならないという。そうすると、現世では完全に悟ることなど人間には不可能なこととなる。何度も転生して魂の修行を積むか、輪廻を解脱するかしてあの世でしか悟りを完成できない。たとえ優劣つけるつもりはなかったとしても、そこには実際に階級が生まれてしまう。しかし仏陀はそれを望んではいないはず。

人が人間の肉体を持ちながら、現世でそれぞれにそれぞれなりに悟ることは不可能ではない。人々が一瞬で悟ったと思って善をなすならそれに越したことはないではないか。人間は自分でその気になることもいかに重要か理解しているはず。その素直さが善に導くこともある。

ネイティブ・アメリカンの伝説の一つに「人生の目的」を探して旅をする男の話がある。山を越え、川を渡り、生まれて来た理由を、人生の目的を探すため旅を続けた。しかし男は、旅をして旅をして、旅をいくら続けても目的を見つけることができない。そこで「いったいいつになったら『人生の目的』というものにたどり着くんですか？」と男は長老に聞いた。するとその長老は、「お前はもう目的にたどり着いている、真理を求めて旅をしたすべての経験こそがその目的そのものなのだ」と答えたという。

映画の巨匠ヒッチコックも、映画の主人公がストーリーの中で探し求めているものや、敵から奪い返そうとしている目的がなになのかは、ストーリーにおいてそんなに重要ではないと語った。人類を救う人物とか、破壊兵器の設計図とか、世界を救うために必要な物の最後の一つを敵と奪い合うとか、観客がハラハラドキドキできればそれでいいのだという。そのような物語を推進させる原動力となるものをヒッチコックは「マクガフィン」と呼んだ。

よく、子供の頃からオリンピックで金メダルを取りたいと懸命に練習に励んでいた選手が、いざメダルを取ってしまうと「あっけなかった」と言う。それは結果よりも次の目標に目が向いているからだ。つまり「悟り」も、悟りへ向かおうとする意志が大切なのであって、完全な悟りとはどういう状態かなどはそんなに重要ではない。なによりも悟りに向かって精進することが重要なのだ。小さなことでも良い、一つ悟ればまたなにか悟ることがあるかも知れない。その魂の経験と学びが人生には必要なのだ。真理を知り、内観し、無知と無明を捨て去り、自分が本当は何者なのか、なにを欲しているのかを知り、その自分の使命に生きる。それが人が一皮むけ「超人」となることであり、この世で愛の中に生きることなのだ。

感情や気持ちのおもむく方向に振り回されないようにするには信念が必要だ。自分なりの信念が見つけられれば、それが人生の舵（かじ）となり、自分に寄りそう友となる。迷ったら信念に相談すればいい。そして自分が自分の足で立ち、自分という自己が確立すれば、自然と他者もその人の立場を認め、認められることで他者に与えるほど愛にも満たされてくる。

たとえその段階で挫折したとしても満足し、自分はやり切ったと思えること、つまり自分が自分自身を大切に思えることが愛になる。

自分が愛に満たされていないと、他人に分け与えることはできない。誰が愛に満たされていないギスギスした者から愛を受けたいと思うだろうか。差別的、支配的な人間から愛を受けたいと思うだろうか。そういう人は自分で気づかないうちに自分を傷つけ、自分自身を徐々に破壊している。

愛のエネルギー

人間は学ぶためにこの世に生まれたという。人間は悟りに向かって生きるべき生き物なのだ。悟りとはニーチェの言う「超人」として生きること。キリスト教的に言い換えれば、愛と光に向かって生きるべき生き物なのだ。それは具体的な愛の実践であり、人類が困難に突き当たれば当たるほど必要になってくるもの。

あるオリンピックメダリストに聞いた話だが、最高の演技をしているときには一種の恍惚状態になり光を見るそうだ。変な話、幻覚状態でも人間は光を見るそうだし、死の間際にも光を見るという。自分が幼子のように超人として創造的に生き、目標を持ち、使命に向かって前進を続けた結果、愛のエネルギーのただ中に生きることになる。愛のエネルギーは神の求める唯一のもの。天界はそのエネルギーで動いている。我々は愛の創造のために存在しなければならない。愛のエネルギーを世界に放ち、創造主に返すことは我々の幸せなのだ。

愛はもちろん男女の愛や親子の愛だけを意味しない。人類愛、博愛、隣人愛、慈悲や思いやり、創造性、協調性、向上心、努力、正義感、誠意、情熱、純粋さ、正直さ、優しさ、共感、同調、話し合うこと、認めること、理解、尊重、ワクワク、ドキドキ、運動、楽しさ、嬉しさ、芸術、文化、知恵、アイディアの閃き、喜び、幸せ、幸せのうちの悲しみ、哀愁、自然や生き物を愛し孤独を愛すること、独立心、自立心、分け与えること、それらは愛から発生する。我々はこの地上に降りてきて、こうした愛のエネルギーを宇宙に与えることを使命としている。さらに自分自身にも、他者にも、宇宙にも自然にも、すべての生き物にもその愛を与え返すことを。

人生には別れなどの苦しみがあるが、太陽や月、空や雲、自然はどこにいても常にそこにある。そこにいて静かに愛を与えてくれている。愛は光に通じ、光は天界に通じる。そして神は、ある領域に達した人を光で包み、愛を惜しみなく分け与えてくれる。我々がそれを望む限り。

瞑想

宇宙の根源から発祥したものには、すべて仏教で言う仏性、つまり神性を持ち、タイの伝統文化にも見られるように、相手の中にも、自分の中にも、すべてのものに神が存在する。自分の中に無限の宇宙があり、それが宇宙や地球の歴史や、生命の根源とつながっている。同時に、歴史の中で繰り返されてきた醜い争い、その原因となる感情も人間の中に潜んでいる。その心を探ることは人類にとって重要なことだ。

自分自身を探求することは、他人を操作しようという考えに陥(おちい)るより至極まっとうで害のないことであり、一番平和的で誰でも簡単にできることなのだ。

私たち人類の魂には、もともと神性が宿っている。しかし、純粋な魂を持って生まれてきた者たちの魂が、世の中のへ理屈や縛り、不条理な出来事などによってゆがみ、暗く沈んでいくのをこれ以上見ていられない。

瞑想は仏教のはじまる以前からインドにあったものだが、仏陀はかつてのインドで行われていた過激な苦行を必要ないとし、瞑想だけが現代の我々の手元に残った。

仏陀が伝えた瞑想は内観であり、宇宙、さらには神とつながる術である。

最近西洋では、瞑想を宗教的な縛りから解放し、誰にでもできるカジュアルなものとして世界に広めている。その功績は素晴らしいが、瞑想を集中力を高めてビジネスやスポーツに生かすのだという。中には瞑想は集中力を高めるだけのものだと言い切る人もいるらしい。資本主義社会ではなんでも商品化されるのは致し方ないが、資本主義の理論で大量生産されれば商品の価値は薄まる。もともと瞑想はインドの習慣であって限定的な宗教とはあまり関係の無いものかもしれない、しかし瞑想はもともとが精神的なものなだけに、その本意がゆがめて受け取られることがないか少々心配になる。

瞑想は自分を見つめ直し、真理とつながるための合理的で具体的手段だ。

瞑想は難しいものでもなく、無理をすることも必要ない。

瞑想し、自分の内面を見つめることで、自分の存在というものがこの世界、宇宙の中で、真から孤独であり、たった一つの命、たった一つの魂、唯一物であることを知る。そして、唯一物であるのなら、自分の足で立って自分の意志で生きなければならないことを自覚する。

他者にも愛を施せるように、自分を愛して、自分の意思で歩くのだ。他者を認め尊重するにはまず自分を認め尊重できなければならない。

同時に、自分は広大な宇宙や自然とつながっていて決して独りではないことを知る。宇宙や神はつねに自分と共にあり、自分はその光の一部なのだと気づく。

瞑想で天とつながると、霊界や天使たちからの応援があり、さまざまなメッセージやインスピレーション、魂の気づき、シンクロニシティなどを受け取ることができるだろう。我々はすべてのものとつながっていて、それを尊敬し感謝することに日々努めなければならない。

ネイティブ・アメリカンは「ミタクエオヤシン（私とつながるすべてのものよ）」と大地に呼びかけるそうだ。その言葉は、インドの仏教で「アンウェッタラサンミャクサンボダイ（阿耨多羅三藐三菩提）」と唱える言葉と通じる。この広い地球の裏側で、同じような言葉を唱える人がいるのだ。しかしあるネイティブ・アメリカンは、はじめはつながっていると喜んでいたが、残念ながら意味が違うと言う。だが、私は同じことだと思っている。

いずれにしろ、ネイティブたちのように豊かな自然に囲まれてただ独り座っていると、ついうっかり我を忘れることがあるだろう。それが瞑想のはじまりだと思う。本来の瞑想の姿というのは自然と共にあり、感謝し、生きていること、生かされていることを実感することではないだろうか。それが自然とつながること。自然を通して宇宙とつながること。他になにも考えない。まさに「いまを生きる」。今のこの瞬間の存在を感じること。

それができなくなったとしたら、人間はなんと惨めなものだろう。欲にまみれ道理を失い、この世でやりたいだけ暴れまわって、最後には神をも敵に回して味方は誰もいなくなる。


瞑想の仕方は決まっていないように見えるが、それぞれに決まりとも言えない約束ごとがあるようだ。しかし、基本的には誰がどこでどのように瞑想をしてもいいと思っている。同様に、仏教を学ぶためには出家する必要も入信も必要ない。なぜなら仏教は智慧であり、誰もが自由に享受できると考えている。瞑想も本来そういった型にはめた縛りの中にはないはずだ。

仏陀は途中で、苦行のような修行の仕方は無意味だと気づいた。しかし、仏教にはどこか戒律的な部分が日本にも色濃く残っている。せっかくの「真理である智恵を説く」のではなく、たとえば罪や地獄へ落ちることなどを理由に暗に支配的に出たり、戒律やしきたりを守らせようとする。そういった意味では仏教も宗教かもしれない。そうやって仏教は当時の権力などに庶民を管理するために利用され、人々の生活の中に沁み込んでいった。それは裏を返せば、当時の権力は本当は人々の悟りは求めていなかったことを表している。

ニーチェは、その宗教的な暗い側面を拭い去るようにして、幼子のように無邪気に創造する生き方を「超人」として提案した。しかしその「超人」にしても、ニーチェの著書は難解で過激な表現を伴い、逆に人々に受け入れがたい印象を与えてしまった。

今のままではどこを探しても、現代の私たち人類に素直に受け入れることができるような精神的支えは見つからないのだ。

自分以外の誰かの中にグル（指導者）を求めても人は完璧ではない。誰もが迷いながら生きている。おおかたの人間はあなたの求める答えを知らない。まして神はこの世、この地上の物質世界にはいない。もちろん神は天上から我々を見守っている。しかし神であっても直接我々に関与できない。

我々は神の直接的関与や啓示を善かれ悪しかれ心のどこかで望んでいる。だからこそ過去に救世主が現れた。彼らは人間の考えを超越している。彼らを通してこの世に直接的に影響するために彼らはやってきた。

しかし彼らの説法はこの世の人々に効果があったのだろうか。彼ら以降、我々は世界を平和にできたのだろうか。彼らはたしかにやり切った。当時の人々はこれですべては変わる、良い世の中がやってくるに違いないと思えただろう。しかし本当に世の中は変わっただろうか？

仏陀は科学的で論理的な宇宙の法則を説いた。瞑想は合理的で具体的な手段の一つとなっている。つまり世の中を変える第一歩と考えてもいいだろう。人の心が変わらなければ世の中は良くならない。

瞑想をはじめる際に必ず出てくる問題がまず座り方である。座禅でする両足をももとふくらはぎの間に乗せるような奇妙な脚の組み方などにこだわっていては、関節の硬いイスに座り慣れた現代人は一生瞑想などできないだろう。お尻の下に敷物を敷いて、できるだけ両脚を近づけ、座禅のそれに近く座るしかない。そして背筋は伸ばし、その上に頭を置くようにして安定した姿勢を保つ。呼吸は胸で吸わず、無理なく腹式呼吸をして副交感神経を刺激する。お腹の息をただ吐けば、後は自然にお腹が息を吸ってくれる。吐く方の息を長くし、吸うときには肩が動かない方がいい。

そして丹田というへその下のツボに身体の重心を置く。人間の中心はここにあると日本では昔から信じられてきた。嫌な話だが、サムライの切腹もそのためにこの場所を切った。丹田に意識を集中するために丹田の前あたりで両手を組み、輪をつくる。眠ってしまわないように眼は半眼で、一メートルほど前をおぼろに見つめ、口もとはタイの仏像のように口角を上げてうっすらと笑みをつくる。人は怒っているよりは笑った方がいい。そうやって、眠っている状態と起きている状態との中間の状態を人工的につくり出す。

瞑想は頭の中を空（から）にしてなにも考えないことを通常言うだろう。しかし、空にするとは瞑想的三昧（ざんまい）状態に入るということであり、雑念や執着を排除した幸福な状態をいうのだ。降りてくる考えは止めようがない。仏陀が瞑想中に覚醒したように、その中に大切なメッセージが込められている場合がある。

決して恐れや不安、憎しみや怒りなどのネガティブな感情のもとに瞑想をしないこと。深層心理が悪い考えに囚われないようにする。瞑想は煩悩を振り払って自分をシンプルにすることなのだ。煩悩を捨て去るとは、単純に自分に不必要で害や苦痛になるような余計でつまらないことを考えないということ。

ニーチェの幼子のような「超人」の創造力を思い出して欲しい。超人は自分の創造的使命にのみ、わき目も振らずまい進する。仏陀が言うように犀の角のようにただ独り歩むのだ。余計なことを考えないことは自分をシンプルにし、生き方をシンプルにすること。他人の干渉や無駄口などに惑わされず、シンプルになった自分の信念を信じて突き進む。自分の人生の貴重な時間と感情を無駄なことに振り回されて失わないようにするのだ。シンプルになるとは、それだけ生きやすくなるということ。

瞑想は自然の中でただただ自然の美しさ偉大さに感謝して散歩するようなもの。ネイティブ・アメリカンは自然の前でなにも語らず並んで座っているだけで通じ合えるという。そうしたとき、おのずと神の偉大さを感じずにはいられないだろう。自然が無口なように、沈黙が一番の対話であり、なによりつながっていることの実感なのだ、それは日本の「あ・うん」の呼吸にも通じる。そうやって自然の感性に同化しながら、かつて人間が失った感性を呼び戻さなければならない。我々は与えられることに慣れているが、一番良い物を与えてくれるのは神であり、自然なのだ。

瞑想は自然との対話であり、神の前でおのれの自我を捨て去ることなのだ。そうやって天界の神々とつながって「超人」のように生きられたら最上の幸せだろう。神がいつも側にいて、味方となっていてくれるのだから。そしてその感謝のもとに、与えられた以上の愛のエネルギーを天界へ送り届ける。そうすることで天上のあらゆる魂も、もっと高みへと到達することができるだろう。

瞑想の意義

つねによく気をつけ、自我に固執する見解をうち破って、世界を空（くう）なりと観ぜよ。そうすれば死を乗り超えることができるであろう。このように世界を観ずる人を、〈死の王〉は見ることがない。

——『ブッダのことば　スッタニパータ』（中村元訳）

宇宙がこの世に生命を与えてくれた状態、人の命のはじまりにはなにもなかったのだろうか。自分の命も、宇宙のはじまりも、それは決してもともと空ではないし、ましてや虚無でもない。宇宙のはじまりであるその源は、限りないエネルギーや波動にあふれているはず。これだけの途方もない世界をつくり上げるのだから。

瞑想は無限の宇宙の創造のエネルギーを受け取る行為なのだ。神や宇宙や自然とつながっていることを感じとり、人は無条件に生かされていること、それを人生の拠り所とすれば自分に自信が湧いて神が気づきと導きを与えてくれる。人間は生命の不思議そのものなのだ。

瞑想はすべてのものの創造の根源とつながり一体となること。愛の光のエネルギーと共にあること。光はあらゆる特別な経験の最高潮の瞬間に現われ、自分を高めたものだけが経験できるもの。

愛はポジティブなエネルギーであり、なにものにも属さない独立したもの。逆に愛は、競争社会や資本主義的欲望から降りることを意味している。

悟りに達するとは、なにものにも属さない独立した「愛」に達する状態なのだ。それは人間界にあるものではなく、天とつながることのみによって得られる境地。物質世界の「愛」以外のネガティブなものはすべてガラクタ。

瞑想は愛である光と一体化する行いであり、光そのものとなって人類を照らし、世界を照らすきっかけとなる。この世界はもともと光に満ち、澄み渡った神々しいものなのだから。

人は仕事やなにかに時間を奪われて暮らしている。時間を奪われているので、自分のしていることが自分にとって正しいのか間違っているのかじっくり考える時間もない。そうやって間違った方向に人は進んでしまう。

誰もが一度、自分の固執していること（執着）から離れてものごとを客観的に見る時間を持つことが必要だ。日常で独りに返り、静かに自問自答する。瞑想は一人ひとりが自分自身に返ることであり、心と身体を雑念からいったん空にし、顕在意識を空にすることで、潜在意識に答えを求め、自分や自分の現実をまた一からはじめることである。それは何度も生まれ変わること。

瞑想の途中でどうしても雑念が浮かんできてはまた消える。そのために自分の意識さえも不確かで危うく、すべては常ではないことを知り、自分自身も「空」であることを知る。それによって世界や宇宙というものがいかに広大かを感じ、自分の今存在する位置を宇宙の中で確かめることができる。そしてそうやって、祖先や宇宙の歴史のすべてとつながっているからこそ自分の命に対する責任を感じ取ることができる。

自分自身に自信を持つこと。それが自分によらなければならない。

人は誰も生まれてきて絶対の孤独の中にいる。一人ひとりが、たとえ愛する人であっても他人では決して誰も癒すことのできない根源的な孤独の中に生まれてきている。それには理由があるはず。だからこそ人は、それぞれ他人にはわからない自分だけの使命を持って生まれてきているのだ。そのことが、たとえこの世で魂が孤独であっても、宇宙と、そして神とつながっている証拠であり、この宇宙では誰もが決して独りではないということになる。人は生まれてから使命を見つけ出す間も、使命に向かって励む間も、使命を果たし終えた後も、つねに神や宇宙とつながっているのだ。それはどんなに小さくても、どんなに大変でも、孤独の中に神が直接一人ひとりに与えた使命なのだ。

そうすることで自我を滅したのち、宇宙の神を信頼し、神に運を任せて導かれるままに宇宙の運命の波に乗る。そして神の手足となり、「人事を尽くして天命を待つ」。善行に大きさは関係ない。すべてどういう思いで行ったかというその心が大切なのだ。

神はすべて用意してくれている。なぜなら皆、神のもとこの世に生まれて来たのだから。

仏陀の言う悟りは宇宙的愛の実践であり、瞑想はそのための心の習練法である。瞑想で邪念や執着を振り払って、自我を滅し、本来の自分に戻れるように、実生活でも邪念や執着になるようなもの、つまり足を引っ張るものを遠ざけて、自分の目的に邁進できるようしなければならない。現実は複雑で足手まといだ。殻を破って自分を取り戻す必要がある。

東洋、特に日本人は、日常のいかなる場合においても「自分に勝つ」ということを心がけた。自分の弱い心に打ち勝つということ。それが自我を滅する。

自分に打ち勝つには、いかなるものごと、生命に対しても誠意とまごころが必要になってくる。自分に勝つ愛は当然自分を否定するものでもないし、我欲を肯定するものでもない。国や民族、宗教、組織、思想などいかなる集団自我であろうと例外ではない。

自分に打ち勝つ愛は、人間として自らを高めるためにある。自分を律する、自分に勝つということは、雑念や苦を遠ざけ、自分を正しい道に修正していくことなのだ。それは清々しく、平安で、落ち着いたものでなければならない。仏陀はそのすべてを明かしてくれている。我々は仏陀に続かなければならない。

歴史上の偉人は崇められる。しかし彼らは我々と同じように、実際にこの地上に産まれて生きた人間なのだ。崇めるのも良いが、彼らに共感し、人類の模範として我々自身も彼らと同じように歩まなければならない。人々の模範とならなければならない。目標になるような生き方をしなければならない。そして、その輪が広がって世界が平和になっていく。それを彼らも望んでいたはず。

神とつながることは楽しい。その幸せを感じ取って神の手足となり、この世で思い切り生きること。そうすれば誰もが幸せになれる。なにより我々も宇宙という神の一部なのだから。「人生の目標なんかなくていい、がんばらなくていい、生きているだけでいい」という。もちろん、神も人が生きているだけで嬉しいだろう。しかしこの言葉は、人が人生に迷っているときに自分自身を再発見するためにある言葉であって、やる気があるとき、前進したいときや向上したいときには思い切り自分の思うように生きていいのだ。わき目もふらず、心が震える体験をしよう。

たとえ失敗に終わったとしても、物質世界で得られなかった答えは別の世界で受け取ることができるはず。たとえそこが我々には未知の世界で理解できなかったとしても、最終的には精神を尊ぶ世界に戻らなければならない。人間が現世で心によって精神に戻ることで、この物質世界を超越し、この世も豊かにすることができるだろう。

たとい他人にとっていかに大事であろうとも、(自分ではない)他人の目的のために自分のつとめをすて去ってはならぬ。自分の最高の目的を知って、自分のつとめに専念せよ。

この世では自己こそ自分の主(あるじ)である。他人がどうして(自分の)主であろうか? 賢者は、自分の身をよくととのえて、(自分の)主となり得る。

——『ブッダの真理のことば　感興のことば』（中村元訳）

仏陀の教えは人間を魂から解放する手段なのだ。人間は自然と調和することで裸になり、解放される。自然の法則に調和すれば、宇宙と調和することになる。宇宙と調和するものは善であり、宇宙の法則に逆らうものは必然的に害悪となる。我々の未来は、本物の調和の中で、我々自身の善意によって築きあげていきたいものだ。

瞑想は身を清め、精神を清める。清まれば意識的に生きる。意識的に生きるとは、覚醒しているということ。

人は目を開けたまま眠っている。人は日々、自分がなにをしているのかさえ気がつかなくなっている。心の目を開け、正しいものを見るべきなのだ。

瞑想で頭を空っぽにすれば、天界からメッセージが流れてくる。頭の中が雑念でいっぱいでは、正しい考えも降りる隙がない。メッセージとは、自分の本当の姿のこと。

神と創造主

仏陀は科学の進歩を待たずして宇宙の真理を悟った。

当時のインド周辺の地域は非常に宗教の成熟した地方で、仏陀が生まれるには適した地だった。ただ、仏陀以前の宗教の数々は、一般的に土着色が強く、過剰な苦行や魔術的な儀式をし、迷信やたたりによって人々を惑わす者もいた。科学的にも、論理的な観点からもほど遠いものだったようだ、仏陀はそういった中で当時の人間の考えの限界を大きく超えて宇宙の真理を悟った。

よく西洋の人は仏陀は人間だろうと言う。それは仏陀が論理的な考えの持ち主だったこともあるだろうが、実際に歴史に生き、どちらかというと長生きした人間だったことが原因なのだろう。それにもともと、仏陀の教えは西洋でいう宗教の概念に当てはまるものではない。仏教には崇拝も、嘆きも、神にひざまずくことも、背負う原罪さえなかった。仏陀の教えは個人の宇宙的世界で完結するものなのだ。

仏陀もキリストと同じようにこの世に生存した人物で、キリストのように奇跡を起こした記述もあるし、原始仏典の中に神も存在する。とにかくキリストも仏陀も、当時の差別を見過ごすことができずに立ち上がった人たちだった。両者これらの聖人が成し遂げたことで特筆すべきなのは、人々を惑わせる迷信が世間にまかり通っていた時代を終わらせたということだ。人々を覆っていた恐怖と支配を取り除き、魂の自由を求めた。

仏陀は時代の転換期をつくった。時代の転換期は、人類の進歩の原動力となる。キリストも時代の転換期をつくり、そして人類の魂を進化させてきた。キリスト教も仏教も、イスラム教もユダヤ教もその他の宗教も、同じように人間どうしの平和を願って説かれたものなのだ。そしてそれぞれに時代の転換期をつくり出した。迷信やまやかし、魔術や儀式の時代から決別を果たした。そして合理的な近代がやってきた。決して近代は西洋だけの成果ではない。

キリスト教によって科学や物質的発展が促されてきたことは間違いないだろう。その代わり、東洋では仏教が精神的発展を後押ししてきた。もちろん、キリスト教やその他の宗教も精神から起こったものだ。しかしその精神的発展が極端に失われようとしているのが現代社会なのだ。それが人類の不和をつくり出している。

もちろんそんな結果は仏陀もキリストも、そして他の宗教の教祖や預言者たちも決して望んではいないことだ。当然、神も望んではいないし、宇宙も望んではいない。

仏教にも神はいる。原始仏典の神は、キリスト教など一神教で言う神とは違うのだろうか。いや、「神の姿に似せてつくられた」という神と同じ意味の神なのだ。ただ、人間のような姿の神はたった一人ではない。

世界の中の複数の宗教がそれぞれに唯一神を持っている。ということは、それぞれの宗教の神は皆おなじ神なのだろうか？　よく言われることだが、世界中の民族が同じ神を違う名前で呼びながら争っているのだろうか？　そんなことを、その違う名前で呼ばれているたった一人の神が許すだろうか？

民族間の争いが絶えなかった古代には、自分たち独自の唯一神を信仰すれば必ず勝利が約束されると信じられていた。そしてもし戦争に負けたなら、あれがマズかったんじゃないか、多分これをしたのがマズかったからだと、自分たちの神は完全だと思い込んでいるために自分たち自身の失敗をあげつらうことにした。つまり戦争のジンクスのようなもの。神は絶対であり、常に間違いは人間側にあるのだから。そう人々は信じ込んでしまい、それがやがて迷信となった。そして、その考え方が生活の隅々にまで広まり、迷信の力が社会にますます根づくことになっていった。

人はもう古代のような獰猛（どうもう）で野蛮な「戦争の神」ではなく、「平和の神」をこそ求めなければならない。

仏陀やキリストが世界を変えた後、今でもその迷信を引きずって真に受けている者がいるなら、過去に後退して現代を否定しているようなもの。精神は進化しなければならず、過去から人は離れなければならない。

原始仏典の中では、仏陀が悟りを得た後、神の一人が仏陀のもとへ訪ねてきて、よくぞ真理を得たと仏陀をほめたたえたという。なかには仏陀に真理について逆に質問した神もいる。これらはもちろん後の者がつけ加えた話だろうが、インドをはじめ東洋の神は一人ではなく、仏陀をほめたたえるために人間界に降りてくるほど親しみやすく、分け隔てがないのだ。

神は、素直にレベルの高い魂として天界に存在するのかもしれない。だからキリストも仏陀も天界で神になっただろうし、預言者や聖人、世の平和に大きく貢献した魂たちも、大きな悟りを得て天界で永遠の命と幸福を約束されているかもしれない。

神々は天界で私たちを見守り、人間の魂が高次へと成長するのをサポートする。仏陀は誰に教わったわけでもなく、自分自身で悟りを得て、宇宙の真理を発見した。だからこそ神は仏陀をほめたたえ、尊敬さえした。

一神教の人たちの中には、神が複数人いるというだけで拒否反応を示し、怒りさえ覚える人もいるだろう。ただ、はっきりしたいことは、ここでいう神というのは宇宙の「創造主」ではないということだ。

人間は神に似せてつくられたという。神に似せてつくられた人間はたくさんいるのに、人間を自分の姿に似せてつくった神はたった一人だというのだろうか。そして、同じ神がそれぞれに仮の姿をして現れただけなのだというのなら、世界のすべての唯一神は、なおさら同じ一人の神だということになる。

人類すべての唯一の神であれば、世界のどこへ行こうが同じ神であるはず。しかし人類は神が唯一だと言うにもかかわらず、それぞれの民族に言語があるように、それぞれの民族と同じような肌の色や言語、名前さえも違う神を求め、お互いに譲らないのだ。

誰かがもし、自分たちと同じ格好をした自分の神しか認めないとなったら、それは神が決めたことではなく、誰か地上にいる人間が決めたことになる。そうなると神を信仰するのではなく、その人間が決めたことを信仰することになりはしないだろうか？

もちろん宗教は伝統であり文化でもある。それぞれの民族に親しみのある神はあっていい。しかし世界規模で見た場合、従来のそれとは別にもっと高次の、人類共通の唯一神を見つけ出さなければならない。それを無理やり誰かが決めたことに従うのではなく、自然に、あるがままに発見する必要がある。

従来の神の概念は人々の精神の支えとなり、彼らの社会的アイデンティティとなった。しかしそればかりになると、もっと大きな視点でものごとを見ている人たちにとっては「信じる」「信じない」という話になり、その結果、神の存在さえも認めないという一部の科学者や現実主義者のような人が出てこないとも限らない。そうなると世界はまたまとまりを失っていく。

しかし、科学者が信じるのは誰かが信じる神ではなく、この宇宙の謎の真実なのだ。それを自分で解き明かしたいと考えている。謎を探究することは謎を深めることにもなりかねない。なぜなら謎は謎としてあり、形あるものとして認識はできない。しかしそれを感じ取れる才能は誰にでもあるはず。その感覚を、現代人は再び信じなければならない。

人類に人の形に似せて想像されたそれぞれの神、その根源は宇宙の創造主とつながっている。誰がどう考えようとこの宇宙は一つなのだから、宇宙の創造主であれば唯一のものに違いない。

私たちには世界中の人が共に認める唯一の真理が必要なのだ。そのためにキリスト教などは、科学に力を入れて宇宙の真実を解き明かそうとした。科学の力によって自分たちの考える世界を一つにしようとした。天動説と同じように、宇宙を自分たちの考えに従わせようとしたのだ。

しかしそれは人間がつくり出した論理であり、宇宙に逆らって創造主である神は存在しない。宇宙と創造主の神は一体なのだから、創造主は宇宙の法則にそっていなければならない。

つまり、すべての唯一神を持つそれぞれの宗教が言っている「唯一の神」というのは、本当の意味では、宇宙つまりこの世界をつくり出した「創造主」のことを言っているのだ。ただし、宇宙の成り立ちが謎である以上、その創造主は人間の姿をしていないし、誰かのためだけの名前を持っているものでもない。強いて言えばそれは、道教で道(タオ)と呼ばれたり、ヒンズー教でブラフマンなどと呼ばれる実態がつかめないものなのだ。

仏教や日本の神道にも、呼び方は違うが一神教のような最上神はいる。西洋と同じようにそれには名前もあるし、人間のような姿かたちをしているように想像されてもいる。

日本では、自然物の中にも神はいるし、たとえ人工物であっても魂が込められていると考えていた。すべてのものは神とつながっていて、神がそれぞれに表れた姿なのだと解釈しているのだ。つまり直接知ることのできない天上の神も、私たちの側に、さまざまな様相で表れてくださっているのだと考えた。西洋の唯一神が姿を持っていたり言葉を告げる代わりに、東洋では具体的な現象や物として身近に現れているのだ。

仏教が発生した当時のインドでは、当たり前のようにヒンズー教でいうブラフマンが創造主であるとされていた。どちらかというとその創造主は、ユダヤ教の創造主「ヤハウェ(本来は名前がないという意味)」に近く、前出の「タオ」にも近く、そしてイスラム教の「アッラー」にも近いものなのではないだろうか。世界各地の各宗教の唯一神も、このただ一つの創造主のことを指している。そして名前は違えど、創造主はすべての人類にとって真理であり、真理は我々の宇宙と同じくただ一つなのだ。そして人間は、たとえ創造主の実態を確認することができなくても、人類の共通の認識として世界の誰もが、自らたしかにそれはあると思えなければならない。

従来の一神教の宗教では、人間の姿をしていたり、人間のように話したり考えたりする神と、この万物の創造主というものが単に混同されていたにすぎない。その創造主である神は、はっきりと認識できない謎であるがゆえに、この世界でははっきりと人々を導くものが彼らには必要だった。王や戒律、慣習までも、神の力によってはっきりと決める必要があったのだ。だからこそ、神は人々にことばで伝える必要があった。言葉を伝えられるなら、姿もあるべきだった。民衆はわかりやすく単純なものを好み、受け入れる。

創造主の神はそうやってそれぞれの民族の必要性に合わせて人格化された。従来の人々はそれを容易に受け入れた。つまり考えたこともない、考える暇もない、考えても無駄に終わることをそれ以上考えようとしなかったからだ。

人は自分で考えることをあきらめてはいけない。

アインシュタインは素直な感性を持っていたからこそ、科学を補えるものは唯一仏教だと言えたのだ。アインシュタインのように、社会的な常識を信じることなく、頭を柔らかくし、自分を信じて自分の頭で考えなければならない。科学者にとっては、創造主に姿があったり名前がついた途端に、それは謎でも、探求すべき神秘でもなくなってしまうのだ。

イエスも自分は「ヒトの子」であると言っている。私たちは神の正体をはっきり見ることができないので、「創造主」と、人間を自分の姿に似せてつくったという「神」の間で混同してしまった。

ユダヤ教の本来名前がないという創造主も、名前もなく、姿もなかったものが急にモーゼに語りかけ、父親のように命令し、苦難を与え、彼を試しまでした。モーゼに十戒を与えたのも同じ神であり、たとえ彼が預言者だったとしても、神が直接話しかけて人間に関与していることには変わりない。だからこの場合、創造主であっても人間のような姿をした神を想定していると言える。神の物語をわかりやすく伝えるためにはある意味仕方なかったのだろう。

人間と同じような姿をした神は、人間を見守り、はぐくむことができるが、万物の創造主たる形も名前もない創造主の神はただ存在するだけで、人間にかかわることはできない。その代わりに自らの存続を維持するために、自然現象や災害その他でカルマを清算しようとする。人のつくり出したカルマを。

現実主義者や一部の科学者たちには残念だろうが、人間の姿をしたおとぎ話のような神もいるし、宇宙の創造主もまた別にあるのだ。天上界には人間の姿をした神は複数人いるし、私たちの魂が高みに昇ることができればその存在に近づくことができるのだろうとスウェーデンボルグも言う。

はるか彼方の未来に科学者たちは、もしかしたら計算式で宇宙の全貌を解き明かすかもしれない。しかし、その確率はゼロに等しい。創造主である神は、当然この宇宙である森羅万象をも超越していて、人類は同じ世界に到達しない限りその「神の秘密」を永遠に理解することはないだろう。それは物質世界の基準では多くの矛盾を含んでおり、計算式では決して導き出せない世界に存在するだろうから。

仏陀は宇宙の真理を発見し、悟り、広めた。キリストも他の預言者も、同じようにそれを悟った高次の魂だった。

彼らの願いはただ一つ。平和だ。

彼らに聞いてみればいい。彼らは彼らどうしで争う気など毛頭ないだろう。彼らは真理を悟り、それを人々に広め、世の中の矛盾を正し、人々を善意のもとに、そして神のもとに集わせ、世界を平和にしたかったのだから。

世界と宗教

古代、神は真面目に信仰すれば天国へ行けるという安全保障だったという。ある意味、天国へのパスポートのようなものだったのだろうか。

日本でも仏教が伝わって後、はじめは修行者や、仏典を読破して理解した者だけが往生できると考えられていたようだ。それが中世の鎌倉仏教の時代に、念仏を唱えれば誰でも往生できるとなった。それは、キリスト教的な考え方が中国大陸を経由して伝わった結果だったという。

だからこそ、日本の鎌倉仏教に後のヨーロッパの哲学者や宗教家が共感するものを見つけることができたのだろう。多くの宗教に見られる共通点は、祈る習慣と、おおよそどの宗教にも天国と地獄があるうえに、信じる者は救われるということだ。それが良いことか悪いことかは別として、どの宗教においても本質は愛と慈悲、他者への思いやり、果ては平和を説いているはず。たとえ大昔のことであっても、この地球上において人も、文化も、宗教も、影響し合い、つながっていたのだ。正直それ以外のところは他との差別化のために発生したのだと思いたくもなる。自分の宗教を信じれば救われ、他を信じるものは救われないと差別化する。それも自分たちの民族の文化を守るためなのだ。

もちろん、文化や伝統を守ることは自分たちの宗教を信じることと同じくらい大切なものだ。文化はアイデンティティだ。しかし、個人の自由が浸透した世の中では、若者の自由とぶつからない伝統だけ残るだろう。自由とは混乱のためにあるのではなく、自由とは能動的なものであり、自分たち自身で自分の人生に責任を負おうという姿勢なのだ。

伝統は守られるべきだが、自由のもとに誰もそれを選ばないということになれば、宗教は都合に合わせ変わってきたのに、文化は変わってはいけないということはない。平和のもと、自ら伝統や文化を共に尊重できる社会になっていければいい。

どこの国のどの民族の子供であっても、子供は素直で無邪気で可愛いものだ。我々は全員、大人たちに愛されて育ったのと同じように神に愛されて育った。今いる大人たちも子供たちも、皆同じ人間なのだ。同じようにどの宗教も宗教には変わりない。宗教というものは、人間が魂で成長できるように導くものであり、成熟した魂で世界が満ち溢れることで世界が平和になることを願ったものなのだ。本来は、神の願いが形になったものが宗教なのだ。

信仰とは生き方。生き方が間違っていればその信仰は間違っている。生き方は当然人から押しつけられるものではない。たとえ誰かに教わったとしても、結局いずれは自分なりの生き方を自分で見つけ出さなければならない。誰にとっても自分が自分の人生の主人公なのだ。そして正しい道を自ら選び取っていく、その過程こそが人生なのだ。

民族やそれぞれの国の人々の特色や考え方はそれぞれあっていいし、自分なりの生き方も何人にも害がなければ人に批判されたり強要されたりするものではない。そういう自由をお互いに認めながらも、一つの大きな共通の理念のもとに世界で共存していくべきなのだ。その理念は従来の文化や生活習慣を邪魔しないようにぼんやりと頭の中心にあるだけでいい。毎日人間が水を飲むように、水（生命の源）とつながって生きているのだと考えればいい。従来のそれぞれの文化や信仰は保ったまま、国や宗教を超えた世界的な共通理念を持つ。それは宗教ではなく、純粋に神の子供としてこの世に生まれ落ちた者としての真実。

必要なのは画一的な宗教でも思想でもない。人はそれぞれ違うし、生き方も違っている。資本主義的発展も、経済も画一的な類のものだった。残念だが資本主義思想と同じく現行のどの宗教も平和のための世界共通の概念には成り得そうにない。それはそれぞれの地域、民族、環境のためにつくられたもので、他の地域や民族には凹凸が噛み合わないのだ。それらは、その民族の誇りやアイデンティティを維持するものであって、他の民族にとっては受け入れられないような儀式や伝統、しきたりや慣習であったりする。

愛は世界のどこの誰であろうと愛に変わりない。しかし、それぞれの宗教観での愛は限定されたもので、その限定された宗教観で人類愛や博愛、慈悲を世界に広げることは現状を見ていると難しい。人類共通の大きな愛を見つけ、真理を見つけていかなければこの先の人類の平和はないだろう。

世界的な問題を扱う場合には、同じ人間としてお互いを理解し、大きな視点で問題を理解し、話し合い、協力し合ったりするべきで、そこには宗教は関係なく、ひょっとしたらニーチェの言うように国も政治も関係なく、ただ神のもとに生まれた同じ人間として皆があるべきなのだ。すべての人が「神の子」として同じ愛と責任を世界に持つべきなのだ。

それぞれに違いはあっても人類は一つ。そして愛も一つ。それぞれが違う愛を尊ぶのでは世界はまとまらない。宇宙が一つであるように、もともと愛は一つなのだから。

仏陀の真理や、アインシュタインやホーキングの合理的で科学的な理論に近いものでありながら「人間賛歌」のもとに人々が集えるもの。それは平和への意識かもしれないが、今までそれで充分にはまとまってこられなかった。現存の国際機関では平和への制約や偏りがあり充分な機能をしないだろう。人類はこれからの時代の変化や、状況のいかなる変化にも変わることがない、なにものにも揺るがされることがない人類の芯を見つけなければならない。

人類の、平和への信念が必要なのだ。

世界標準の理念は、宗教や政治を超えたもっと高い次元にある。それは不動で、ただ存在するだけで干渉することのない大いなる宇宙そのものから派生する。それは仏陀の説いた真理のように、合理的で論理的な「宇宙の法則」であり、宇宙すべての存在の在り方である。

それを仏陀は「ことわり」と表現する。「ことわり」をはっきりわかっていないうちは、人間は自分たちが不死であるかのようにふるまうという。宇宙の「ことわり」をわかっていない人には神がいないのと同じ。宇宙の「ことわり」は決して権威的でなく、なにも要求せず、決して人々の自由と権利を奪わない。そしてすべてが宇宙のもと、平等につくられている。

宇宙の創造主は、愛のエネルギーとしてただそこに存在するのみ。

それのみが生命の「法則」であり、人々を平和のもとに集わせることができる。指導者も、優位者も、権威的なにものも必要としない。人はただその法についていくだけ。それは人々を正しい道に導いていくものであり、この世で生きていくすべての人が生きやすく生きていくためのガイドなのだ。

生命が神のエネルギー

すべてのものの創造の元である宇宙生誕の根源的エネルギーそのものが、私たちの唯一神ではないだろうか。すべてのものの創造主ということは、すべての自然物の中にそのエネルギーを見出すことができるということ。お互いの中にも、どんなものの中にも、諸行無常で変化していくものすべてがそのエネルギーによって形成されている。
神は神聖であり、命であり、光であり、愛なのだ。
仏陀は、すべてのものの中に宇宙が存在すると言った。あなたの中にも、わたしの中にも、
一粒の芥子の実の中にも。

或る人々が「最高の教えだ」と称するものを、他の人々は「下劣(げれつ)なものである」と称する。これらのうちで、どれが真実の説であるのか？　――かれらはすべて自分らこそ真理に達した者であると称しているのであるが。

　かれらは自分の教えを「完全である」と称し、他人の教えを「下劣である」という。かれらはこのようにお互いに異なった執見をいだいて論争し、めいめい自分の仮説を「真理である」と説く。

　もしも他人に非難されているが故に下劣なのであるというならば、諸々の教えのうちで勝れたものは一つもないことになろう。けだし世人はみな自己の説を堅(かた)く主張して、他人の教えを劣ったものだと説いているからである。

　かれらは自分の道を称賛するように、自己の教えを尊重している。しからば一切の議論がそのとおり真実であるということになるであろう。かれらはそれぞれ清浄となれるからである。
（真の）バラモンは、他人に導かれるということがない。また諸々のことがらについて断定をして固執することもない。それ故に、諸々の論争を超越している。他の教えを最も勝れたもの

だと見なすこともないからである。

「われは知る。われは見る。これはそのとおりである」という見解によって清浄になることができる、と或る人々は理解している。たといかれが見たとしても、それがそなたにとって、何の用があるだろう。かれらは、正しい道を踏みはずして、他人によって清浄となると説く。

——『ブッダのことば　スッタニパータ』（中村元訳）

西洋では物質世界の論理で真理を探究しようとし、それが哲学や科学になった。しかし、哲学でさえニーチェの言葉を借りると、結局、物質的現象のみに囚われて私たちは大変な道徳上の空騒ぎのただ中に放り出され、不動の真理を見つけることができないでいるように思う。

他人を愚者であると決めつける者は世の中に確執をもたらす、だからこそ一切の哲学的断定を捨てよ。彼らはめいめい異なった真理をほめたたえ、自分は正しく、他の人は間違っていると二つのことを語っている。しかし真理は一つであり、異なったことをそれぞれが言うはずがないのだ、と仏陀は言う。

争わないためには唯一の真理を知り、中道という悟りを開いていなければならない。あるいは少なくともその悟りを目指したものでなければならない。

ほとんどの人がまだ自分の本当の才能をわかっていないし、そのあふれる才能を実際の人生で活用できていない。人間の本来の優れた才能、神の与えた未知の能力、それがわかっていれば、人間界にあるすべての差別や縛りなどの罠からは簡単に抜け出すことができるはず。人間はその未知の自分こそを発見するべきなのだ。そして、その神から与えられた才能を信じ、神の代わりにそれをこの世で実行すること。

恐怖や不安、確執や執着から生み出されるあらゆる行いは人に不調和をもたらす。人類の未知の才能とは愛による「調和」であるのだから。

真の調和とは人間が宇宙と調和することであり、創造主であるこの世の真理と調和すること。それが故に真理のもと「人間と、宇宙と、神は三位一体」であり、一つにつながっている。つまり「人間」と、宇宙そのものである「創造主」と、自らの姿に似せて人間をつくった「神々」とは「三位一体」なのだ。

昔の人が言ったように、まさに神の姿に似せてつくられた人間は「うつせみ」だと言える。そして聖人たちの魂が、天上界の最上階に昇り、神に限りなく近い存在と融合するように、魂は一つの集合意識としてつながっている。

神の本質は愛でしかなく、その愛は大きく宇宙を包み込む。

愛は愛でしかなく、愛は一つであり、決して他のものにはなりえない。

人間は宇宙である創造主と、そして神とに、愛の光とエネルギーによって調和、融合しなければならない。

7・宇宙

宇宙について

西洋では、コペルニクスの時代でもまだ地球が中心であって、太陽の方が地球の周りを回っていると考えていた。人間の都合で考えた人間の神こそがこの世界を支配していて、宇宙はあくまで人間にとっては二次的なものであると。宇宙も人間の神のもとにかしずくものであるとでもいうように。

人間界の神の原理に従えば、宇宙まで人間の都合の良いように解釈されてしまったのだ。そうやって、一部の人間のつくった独自の思想やルールに従って人々は生きてきた。だが、現代ではそれが通用しなくなってきている。

戒律を最上のものと仰いでいる人々は、「制戒によって清浄が得られる」と説き、誓戒を受けている。「われらはこの教えで学びましょう。そうすれば清浄が得られるでしょう」といって、〈真理に達した者〉と称する人々は、流転する迷いの生存に誘き込まれている。

もしもかれが戒律や誓戒を破ったならば、かれは〈戒律や誓戒の〉つとめにそむいて、おそれおののく。（それのみならず、）かれは「こうしてのみ清浄が得られる」ととなえて望み求めている。たとえば隊商からはぐれた（商人が隊商をもとめ）、家から旅立った（旅人が家を求める）ようなものである。

——『ブッダのことば　スッタニパータ』（中村元訳）

人間社会のルールと宇宙のルールがあるとしたら、どちらが正しいだろうか。

皆で決めたルールやマナー、道徳観はこれからの社会にも変わらず必要になってくるだろうが、人間界に限られた社会常識や資本主義思想ではなく、もっと次元を超えたレベルで人々を無理なく平和と協調に導くなんらかの総意、あるいは認識が必要になる。それは決して過去の悪しき歴史や因習を引きずったものではないし、新たな迷信やまやかしでもない。まったく新しく、それでいて人類より遥か以前からあった、ごく自然に存在する揺るがすことのできない平和の法則。それが生きとし生けるものすべてが従う宇宙の原理法則、真理であり、この世では人が他に従うべきものは見当たらない。そしてそれを、人間が自然から見い出すことはできたとしても、つくり出すことは決してできない。

世界に共通する真実は、私たちはこの地球に存在する人間であるということ。人間であり、他の生き物たちと同じように神によってつくられた生き物であり、地球や自然の生命の恵みのお世話になっているもの。それらのお世話になるしか生きていけないもの。生かされているものなのだ。我々の科学や文明はそれに比べたらどれだけお粗末で力のないものか。私たちはそのすべてに感謝することを学ばなければならない。

人間のつくり出した戒律や、他者や社会の見えない強制力に従うのではなく、自然のつくり出した生命のガイドラインである「宇宙の法則」に従った方が有益だ。人間はすべて人間であることを認識し、人間の社会的ルールやガイドラインもそこから生まれるべきなのだ。

母なる宇宙が存在しなければ人類の存在もなかった。そこへ戻ることから人類の発展が再びはじまる。人間の原点へいったん返るべきなのだ。母なる宇宙の乳が存分に与えられる所へ、遠慮せずに授かりに行くのだ。

すべての生命をはぐくみ、宇宙そのものの進化をはぐくむ目的にある「宇宙の法則」と調和した形での人類の発展が、両者にさらなる豊かさを生み出すだろう。

宇宙の法則とは、自然やこの宇宙、すべてのものを生かし、営んでいく力であり、生命の原動力である。宇宙を過不足なく運営し、発展させていく、この世に存在する唯一絶対の法則なのだ。神もこの世界をつくり上げるには、その法則に従わざるを得ない。

なぜ宇宙（太陽系）は、生物を誕生させるまでに約二十億年もの年月が必要だったのか。現在、太陽系が誕生しておよそ五十億年だという。時間は神や創造主と言われるものにとってはそれほど意味の無いものかもしれないが、それにしても人間は、神の魔法で瞬時にパッと現れたのではない。この世で二十億年以上の段取りがかかっているということは、創造主であってもある法則に従って時間をかけて徐々につくり出した宇宙だということだろう。

　ホーキング博士が言うように、この宇宙は一つの法則にのっとってつくられているのだ。つまり神さえもなんらかの既存の法則に従わざるを得なかったか、なにもない状態の中から創造するには、自ら一定の安定した法則を定めてから創造する必要があったのだろう。我々がスポーツをするときのように、ルールがなければ楽しむことも勝者を決めることもできないということかもしれない。

　宇宙を創造するには、物質世界を一つの法則で貫く必要があり、神はその法則をどうしても使わなければこの世を創造することができなかった。あるいはそれが合理的だからこそそうした。もしも既存の法則が創造以前にすでにあったとするなら、創造主である神以前があったことになるのだろうか。しかしそれは、私たちには知る由もなく、またかかわりもない。

　とにかく自らつくり出した法則にせよ、既存の法則であったにせよ、たとえ宇宙に多少の物理学的な揺らぎが発見されたとしても、その一定の法則を守りながらこの世は創造されたのだ。この世界はそれほど決められた一つの法則に従ってつくられている。それを人間が無視できるだろうか。もしもそれを無視したり、逆行するなら、人類が存続することはできないだろう。神さえ自ら従ったのだから。

人間と神と宇宙の創造主は三位一体であり、逆に三位一体でなければならない。そしてその源は、宇宙の創造主から発生している。だからこそ、私たちを貫く一本の創造主の法則とは、人間にとって神そのものであるか、あるいはそれ以上の原理、原則なのだ。我々がその源である実態を探ろうとしても煙に巻かれてしまうだけ。触れることも分析することもできない。なぜなら、物理世界の法則の外にそれはあるからだ。

法則は私たちをはぐくむものであり、愛のエネルギーであり、我々はただそれに従うだけ。それに従って生きることが、我々の生命を最大限に生かすすべであり、我々を愛と幸福のもとに成長させるものなのだ。

ホーキング博士が言うように、宇宙の創造主は現象であって、人間のような感情もないし、人間に伝える言葉も持たない。宇宙に意思はなく、無償の愛があるだけ。その愛とは、生き物が成長でき、生きていける条件のこと。だから人間は、人が生きていける条件を自ら満たし、保たなければならない。

宇宙の法則は理にかなっている。宇宙を存続させ、拡大するためにその法則はある。宇宙は生き物のような現象であり、免疫が機能するように宇宙そのものの生存に反するものは拒絶され、排除される。

宇宙が存続する過程で、障害になるものは一つもなかった。宇宙は、破壊と再生を繰り返しながら成長を遂げてきた。自分自身の中で完結し、発展できた。宇宙の創造主である神とその唯一の法則に反したり、障害となる悪魔のような存在はどこにもいない。この宇宙のどこかには存在しないし、それ以外にも存在しない。

もし悪魔がいるとしたら、宇宙の発展と成長を妨げようとするものであり、地球や宇宙の完結した自然な働きを妨げ、害となるもの。それは、残念だが現状では人間の行いしか認めることができない。人間は自由意思を持ち、独自の感情を手に入れている。悪魔というものがもし仮にいるとすれば、あらゆるものに対する破壊への悪意を持っているもの。自らの存在や、宇宙にさえ反抗するような意思を持つものは、唯一人間だけなのだ。

宇宙的悪について

悪魔は「堕天使」ともいわれる。天国から堕ちた天使。

エドガー・ケイシーによれば、天上界にいた魂が地球の物質世界を経験してみたくなって、はじめは岩や木になり、最終的に人間として地上に降りてきた。そして人間として肉体で生活しているうちに、肉体のとりこになり、魂が肉体から離れられなくなったという。地球上に肉体によって囚われの身となったのだ。肉体に囚われた魂は天界へ帰ることができなくなる。そうやって完全に天界に戻ることなく、輪廻転生を繰り返しているという。私たちの魂は皆、本当は天界へ戻りたいし、天界の神々も人間の魂が肉体に囚われることなく天界へ帰ってくることを願っているという。つまり、魂が天界へ戻ることの方が自然な状態なのだ。

仏陀の言う悟りは、こうした魂が囚われた肉体から脱することであり、「輪廻からの解脱」とは、苦しみの連鎖から降りることなのである。この輪廻からの解脱を拒否し続け、地上に執着し、欲望の限りを尽くそうとする者は、自らおのずと宇宙の原理に反する者ということになる。人間は、天から堕ちて地上に居座り、傍若無人の限りを尽くす悪魔にもなり得るし、その悪意は宇宙の原理を無視することで、世界をも破壊しかねない。今でさえ人間というものは多くの悪魔的な間違いを犯し続けているのだから。

自分自身を破壊しようとするのも人間だけだという。なぜ人間が、なぜ人間だけが自ら破壊を望むのか。

天界では私たちは魔法学校の魔法のような霊力を持ち、思ったことを即座に現実にできるらしい。しかし、天界で霊力を持てなかった一部の魂は地上でその魔法を使いたがる。まるで天界でのうっぷんを晴らすようにして思うままに暴れまわろうとする。人間として生まれてきたことがその特権なのだと考えているかのように。

しかし、物質世界では考えをすぐに現実化することが難しいことを知り、それを無理にでも楽にかなえようとして社会の制度を無視したり悪用したりする。自分が低い魂であることを忘れ、物質界での自分の力にうぬぼれてしまう。

この世は「空」で、我々は試されている。空の世界で試されていることも知らずに、不完全で未熟な魂は、現世の「自由」の中で本性を現し、うぬぼれて神まで否定しようとする。人間界のたわいもない間違いや、同情すべき者は別だろうが、こうした魂たちは「最後の審判」で裁きが下り、永遠に封じ込められるのだと言われている。人間である以上、自らを戒め、他人を尊重し、盗んだり騙したりする害を及ぼすあの蛇の誘惑に勝たなければならない。

被害を受けた者にとって、その加害者こそが悪魔なのだと言いたいだろう。だが、悪魔は宇宙のどこか別の場所から人間を操っているのではないし、別人格としてあるのでもない。すべての人間の弱い心の中に潜んでいる。すべて心の問題であり、それぞれが自分を見つめ直し、真の自分は本当に悪性に負ける心を持っているのかどうか、常に自問自答しなければならない。

悪とは人間の心がつくり出した「空」であり、人は簡単に「空」に惑わされる。その偶像は、社会的にもつくり出される。他人のつくり出したいかなる偶像をも拠り所とすることなく、真実のみを見定めそれを真理とし、拠り所とするべきだ。でなければ、人は知らず知らずのうちに悪を行ってしまうかもしれない。

人はこの世で悔しい思いもするし、強くありたいと反発したり、反抗したり、思わず他人を傷つけたりすることもあるだろう。しかしこの世の現象である「空」に惑わされ、囚われてしまえば、すべて執着となる。私たち魂は、神の信頼を裏切ることなく、皆で天界へ帰ることができるように努力するべきなのだ。

肉体への執着に囚われなかった魂の誇りというお土産を持って。

真理は正しい道であり、その道は天界へ続き、天上と我々を結ぶ。

「この地上を、天上の世界と一つにする」

仏陀やキリストなどの救世主は使命があってこの世へ降りてきたという。

誰ひとり悪に染まることなく天界へ返す使命。少なくとも天界を汚すことのないように、この世を美しくする使命。

> 同行する仲間が少ないのに多くの財を運ばねばならぬ商人が、危険な道を避けるように、また生きたいとねがう人が毒を避けるように、ひとはもろもろの悪を避けよ。
> もしも掌に傷が無いならば、その人は掌で毒をもっていることもできるであろう。傷のない人に、毒は及ばない。悪をなさない人には、悪の及ぶことがない。
>
> ――『ブッダの真理のことば　感興のことば』（中村元訳）

現代は「寛容さ」が薄っぺらいものになっている。寛容であるかと思えば、一方で簡単に相手を悪人と決めつけ、神経質に責め立てる。気の利いたことを言っているつもりで、掌に傷を持たないようにしたい。

輪廻を抜け出す

仏陀はこの世は苦だと言った。

言ってみればこの世は、ＳＦ映画『ニューヨーク１９９７』(Escape from New York) の、マンハッタン島を刑務所にした未来世界のようなものだ。そこに堕ちた囚人たちは、自分たちにとっては最高の場所だと思って騒ぎ、浮かれているが、そこから自分の意思で一歩も出ることはできない。苦と醜悪さが混沌となって存在している場所。

魂はいったん肉体に囚われれば天界へ戻れない。我々は天界へ戻るために「蜘蛛の糸」を登っていかなければならない。その天上から垂らされた蜘蛛の糸が、彼らの最後のチャンス。しかし神は、争いながら競い合い、互いにおとしめ合う人間を良しとしない。そんな闇の世界から這い上がってくる醜い人間たちを見て、神は糸を切ってしまう。

未来とは何か？　過去とは何か？
何という魔法のような流動体がわれわれを取りかこみ、われわれが知らなければならぬ最も大切な事どもをわれわれに隠していることだろう？
われわれはすばらしいものの直中(ただなか)を過ぎてゆき、生きてゆき、死んでゆくのだ。

——『ナポレオン言行録』オクターヴ・オブリ編／大塚幸男訳

人間のつくり出したものは皆滅びる。人間の命よりも早く。
あのナポレオンでさえ、自然の法則に対する畏怖の念を絶やさなかった。ものごとにはすべて意味がある。表層に囚われず、その奥深くにある真の意味をつかまなければならない。それは神の意思であり、無言の神の導きなのだ。
人間がつくり出すものごとは実体のない「空」であって、自然のなかにこそ「実（じつ）」がある。そこに生命の大切な秘密がある。その秘密はなぜ時代の底流に隠されているのか。それは隠されているのではなく、人間が気づかなければならないためにある。宇宙は謎を提供しているわけではなく、真実を提供している。生命をはぐくむいのちこそが、宇宙の実体なのだ。我々はそのすべてを現実として受け入れて生きていくしかない。

迷いの生存は味わいのないものであるということを経験した。

——『仏弟子の告白　テーラガーター』（中村元訳）

宇宙の営みの原理

創造主は、ひねくれ者の人間の面倒をみるのが仕事ではない。創造主は創造世界の進化のためにだけ働いている。ホーキング博士の言うように、それは機能していると言った方がいいかもしれない。

逆に神は（神々は）、人間や万物の魂の成長を見守り、天界とこの世を管理している。すべてが創造主の法則であり、同時にすべては創造主の法則に従って存在している。仏陀が悟った法というのもこの創造主の法則であり、唯一で、ゆるぎない絶対のものなのだ。そういった意味でも、すべての地上の宗教と、仏陀の悟りは一つにつながっている。

悟りのように、一人ひとりが自分に誇りを持ち、自分を確立し、ニーチェの「超人」のように本来の自分に従って自由な創作活動をこの物質世界で思う存分行えば、我々の世界は愛と平和のエネルギーであふれるだろう。

人間は愛を生み出す媒体であり、我々はその生命の活動により愛のエネルギーを天に送る。そして天から太陽の光、自然の恵みなどによって愛のエネルギーを受け取り、それが循環していくことで宇宙を発展させていく。すべては淀みない循環なのだ。

宇宙は愛のエネルギーが源であり原動力で、宇宙の創造主はそれを生み出し、発展させることが望みなのだ。この宇宙の法は人間には覆せない。宇宙にとって人間は貴重な存在だが、自らが生み出したものの一つでしかない。

私たち人間は神とつながった神の子として、この世を愛のエネルギーで満たす目標を達成しなければならない。そのことこそが私たち人類の幸福となるのだろう。

宇宙の創生の大もと、つまり創造主には、意思もなく感情もない。ただ現象として存在している。その存在はある種の生命体のようなものであり、それ自体の存続を良しとしている。存続のためのエネルギーは愛の波動であり、人間の活動も波動を発し、宇宙はポジティブな感情から生み出される波動だけを、自らが存続していくためのエネルギーとして吸収し、取り入れている。

だから宇宙は、生命体として自らが存続し、成長、発展できるかどうかがなによりも最優先なのだ。自らが犠牲になってでも人類を存続させようとは思っていない。人類が存続できるのは宇宙からの愛のエネルギーを受けられるからこそ。互いに共存共栄のように営みを保っていて、宇宙も本来人類の正しい発展を願い、はぐくんでいる。

人間は、自分たちで自らを存続できるようにしていかなければならない。

地球の歴史上、人類は四度滅亡したと言われているように、宇宙にとっては、良いエネルギーをつくり出さない人類は入れ替えればいいだけ。ただ人間は、宇宙にとっても欠かすことのできない強いエネルギーを発する貴重なパートナーだろう。それだけ人間の人生にはドラマがある。ただ、私たちは愛のドラマを演じなければならない。

人間は「天の叡智」、「宇宙の真理」である法に従い、幸福の名のもとに存続できるようにするべきだ。神に祈ることは平和と愛のために祈るのであって、それ以外はあり得ない。この世界の愛と平和のために皆が心から祈れるはずだ。

キリストも仏陀も世界の真理を説いた。そのことによって新しい社会を生み出し、新しい世界をつくり出した。しかしまた世界は道を外れはじめ、百年も前に早々とそれを察知したニーチェは、「神は死んだ」と言った。

人はまだ人を信仰している。権力者や他者を恐れている。社会的協調は必要だが、会社や社会で面倒なことになったら生きていけなくなると忖度し、服従し、自分をごまかし、周りに依存して生きていく。こういった考えの人は自分のやっていることの真実が見えないでいる。そういった考えが集まると、現実に服従の社会を生み出してしまう。世界的にも、すべてがいまだに村社会のしがらみや世間体、つまらない利権の中で生きながらえている。だからこそ、人は自分の足で立って、たとえどんなコミュニティに属したとしても、たとえどんな場で政治的意見を求められたとしても、それぞれが自分自身の考えを持ち、個人として独立していなければならない。

人はまだ世俗に惑わされ、本当に大切なものが見えないでいる。

私たちは仏陀やキリストが説いたように、近代化で神格化した合理主義や経済、そして科学信仰さえも払拭し、すべての古い殻を脱ぎ捨て、愛に満たされた新しい世の中をつくり出す必要がある。

小さな創造主

ものごとは心にもとづき、心を主とし、心によってつくり出される。もしも汚れた心で話したり行なったりするならば、苦しみはその人につき従う。——車をひく（牛）の足跡に車輪がついて行くように。

ものごとは心にもとづき、心を主とし、心によってつくり出される。もしも清らかな心で話したり行なったりするならば、福楽はその人につき従う。――影がそのからだから離れないように。


――『ブッダの真理のことば　感興のことば』（中村元訳）

人はまず、頭の中で考えなければなにも生み出すことができない。机も、椅子も、車も、飛行機も、ビルも、志望校に合格することも、家庭を持つことも、そして社会も未来も。

誰かが頭の中で考えて「できる」、「こうしたい」と思ったからこそ、それらは今現実に存在する。無理だと考えれば無理しか生み出さない。それもまた苦しみとなる。

人々は忙しさや世俗の常識に、あまりにも考えることを奪われている。自分の世界、一人ひとりの世界を創造する機会を失っている。


人間は自分の思うようにしか生きられない。自分の考えた通りにしか生きられない。ダメだ、嫌だと思ったらそのようにしか生きられない。やれる、楽しいと思ったら可能性は広がる。

人はどのようにも生きられる。生きていられる。

生きることは罪ではない。禅で言う「いまを生きる」とは、誰もがあるがままにあることを許されているということ。自分自身でいることは罪ではない。むしろその方が、神の与えたままの自然な状態なのだ。
あるがままにいることを許される愛。そこからすべてははじまる。

世界の見方は自分の認識によって変わる。つまり世界は人によって少しずつ違う。見える世界が違う。感じる世界が違う。事実は事実として存在するが、その事実という情報の捉え方が人によって違う。そこから一人ひとりに起こる現象も違ってくる。

はっきりわからないものは人々に不安をつくり出し、それが恐怖になり、恐怖を感じたら反射的に攻撃しようとするか、そこから逃れようとするかして怒りが起こってくる。だからこそ、正確な事実を知らなければならない。それは誰もが納得のいくものである必要がある。妄想であったり、他者の考えの受け売りであったのでは意味がない。

自分が一度思い込むと、人がなにを言おうがその考えからなかなか抜け出せない。

あるプロのカメラマンが、危険だと言われている外国のある地域で、おそるおそる街の風景を撮っていた。そのとき、少し離れた場所でバラックから出てきた体格のいい中年女性が、しばらく彼を眺めた後、彼に向かって大声で叫びながら遠くを指さしたそうだ。彼は言葉がわからず、てっきり怒られるのだと勘違いしてその場を逃げ去った。しかし後でよく考えたら、その女性は「こっちの方が写真写りいいわよ」と、わざわざ親切に教えてくれていたのではないかと思ったという。

人は受け取り方で自分の現実を変えてしまう。もし彼が受け取ったまま思い込んでいたら、その国や地域、そしてなによりその人を誤解していたかもしれない。自分が気づかないだけで、あるいは口にしないだけで、よく事実を見極めもしないで相手を悪人と決めつけてしまうことは誰にでもあるだろう。断罪した方が判断する方は気分が良いが、悪人呼ばわりされた者は屈辱を感じ、怒りが込み上げてくる。感情が先に立てば、お互いの理解は不可能になる。たとえ一部のエリートや政治家が指導する国と国どうしであったとしても、個人的な人間どうしの関係となんら変わらない。人類は子供じみたことを捨て去らなければならない。

「病は気から」と言うように、我々は実際に現実をつくり上げてしまう。人が良くないことをつくり上げられるなら、良いこともつくり出せるはず。

どこかの歌の歌詞に「一人ひとりの心の持ちようで世界を変えることができる」というような言葉があったように思うが、神の独壇場であると思われた世界の創造を、たとえ宇宙から見たらほんのわずかな小さな創造だとしても、このちっぽけな存在である人間が、心の持ちようで実現できてしまうのだ。

一人ひとりの世界を動かす力が集まって、世界中の人が一つの幸せを願えば、神の力と変わらないくらいの影響力をもって幸福な奇跡を呼び起こすことができるかもしれない。

心の問題を解決するにも、現実的な問題を解決するのにも、宇宙の法則に従うことが障害もなくスムーズにことを運ぶ一番の方法なのだ。それをともに共有し、愛によって世の中の問題を解決していかなければならない。それは決して、人が考えるような堅苦しいことではなく、気がつけばすでに掌の上にあるもの。

宇宙の営みの原理でもある真理は、一人ひとりの心の中にある。それを心の中から取り出してこの世界において現実に変えていく。それが楽しく幸せな愛のある生き方なのだ。

精神世界とのバランス

オーストラリアのアボリジナルは、伝統的に夢判断を行う。

朝起きると、アボリジナルの家族は皆で今朝見た夢の内容を話し合うのだ。夢が現実を表していることもあるし、訓練によって、見ている夢が夢の中で「これは夢なのだ」と自覚できるようになれば、やがて夢を夢の中で眠ったままコントロールできるようになる。夢を自由に操ることで、現実においても幸運をもたらすことができるようになるという。

夢占いでは、超自然なものからのメッセージを夢から受け取ることで指針とすることができる。人は夢からでも現実を創り出すことができるのだ。であれば、潜在意識に素直に従えば、人は現実に世界を平和にできるかもしれない。

「諸行無常」とは、すべては生まれ、消え、無に帰るということ。どれ一つとってもそうでないものはない。仏陀の考えでは、世界は次々と生まれては消えるプロセスの中にある。小さなプロセスが重なり合って大きな宇宙的プロセスをつくり出す。なら私たちの人生も思考も、そのなんらかの大いなるプロセスの一部としてあるということになる。すべてのものは無と化したあと、粒子へと還り、波動のエネルギーとなる。我々の魂は亡くなった後あの世へ行き、またこの世に転生してくる。

この物質世界にも同時に精神世界は存在し、影響し合っている。この宇宙の創造主は、精神の世界の創造主でもあるのだから。

人は魂のエネルギーが強く、お互いに影響し合っている。人のエネルギーは人間にとって一番身近にあるもので、ときには他人のエネルギーの強さや弱さに嫌になるほどうんざりすることもあるが、やはり結局人は人が一番いい。

しかし、途切れることなく常に恩恵を与えているのは遠くにあるもの。太陽や月、空の雲や、海や山だ。それらは宇宙そのものであり、大いなる創造主という山のすそ野であり、手足でもある。これらは日常から見たら遠い存在だが、壮大で安定したエネルギーであり、より根源的で身近なものである。そして創造主の息吹であり、温もりでもあるそれらを通じて、人は生きることのなんであるかを知り、人と人の中で喜びを知る。

「山のあなたの空遠く、幸住むと人のいう」死後の世界の山の向こう側には、我々を待っている幸せな人々がいるという。精神世界はこの世よりも大きな世界で、この宇宙を包み込んでいると言える。生きている我々には、精神世界も現実世界もどちらも大切で、どちらもなくては生きていけないものなのだ。

宇宙の姿

今では誰もがビッグバンによって宇宙ははじまったと考えている。はじめにビッグバンがあり、さらにそのはじめにはビッグバンを起こす種のような「特異点」があって、そこに集積されたエネルギーが爆発してビッグバンを起こし、宇宙は膨張をはじめた。最近ではそのビッグバン以前の状況もわかってきたというが、宇宙が小さな一点から膨張していくことには変わりないだろう。なにごとにもはじめがあって終りがあるように、特異点からはじまった宇宙の膨張の先には時空の端があるのだという。つまり宇宙の限界には、なにもない空間との境界があるのではないかとホーキング博士は語った。ということはビッグバンの前には、特異点自体がその時空の境界ということになるのだろう。それ以外の空間には、人間に理解できるものはなにもないのだと。

特異点では一般相対論も他のすべての物理法則も破綻してしまう。特異点から何が出てくるのか、だれにも予測できない。前にも説明したように、これは、ビッグバンもそれに先立つどんなできごとも、理論から切り捨てていいことを意味する。

——『ホーキング、宇宙を語る——ビッグバンからブラックホールまで』（スティーヴン・W・ホーキング著／林一訳）

ホーキング博士は、ビッグバン以降存在するはずの「宇宙の法則」は、ビッグバンと特異点以前には存在しないということを語っていることになる。人間の知る限りのその物理的法則にこだわったホーキング博士は、疑問を生み出すその矛盾を解決するために、宇宙のはじめと終わりをくっつけて、宇宙には境界があるのではなく、地球のように丸い球形をしていて「空間と時間が、境界のない閉じた曲面を形成しているかもしれない」と考えた。昔の人が、海を際限なく進めばやがて地球の縁に到達して、滝のように流れる海の水と共に奈落の底へ落ちてしまうのだと考えたように宇宙には限りがあるのではなく、球形をしていてどの方向へ一周しても地球の縁にたどり着くことはないのだと。そうであれば、宇宙の創生も終焉も際限なく繰り返されることになる。

後の科学者たちは、宇宙の終わりには宇宙全体が膨張とは逆に収縮していって特異点に戻り、その特異点となった宇宙はまたそこからビッグバンを起こし、新たな宇宙が誕生するのだという仮説を立てているらしい。それは球形ではなく、ソーセージのような形になるという。しかし形は違えどホーキング博士の言う地球のような球形と結局は同じであり、そこには宇宙の境界線の問題もいまだ存在する。そして、その完結した循環には外部に創造主がいないのだから、循環内のエネルギー量が一定でなければおかしい。しかし、エネルギーは銀河や惑星をつくるため熱を発し変化するか、宇宙自体の膨張によって消費されることになるだろう。それなら消費されたエネルギーは衰え、消えていくはず。だからこそ宇宙が一定の膨張を終えた後、人が年老いて衰退するように収縮に向かうというのだろうか？　しかしその後再びビッグバンを起こすためにはとんでもないエネルギー量が必要になるはず。そんな宇宙がエネルギーを確保するには、エネルギー派を粒子の振動によって増幅などして生成するか、どこか外部からエネルギーを取り込まなければならない。

神はどうやって宇宙を生み出したのか。人間が宇宙のはじめを探る目的は、創造主はいるのかどうかを確かめていることに等しい。ホーキング博士は、宇宙が自己完結しているならはじまりも終わりもない訳で「だとすると、創造主の出番はどこにあるのだろう？」と疑問視している。しかし結局、特異点であったにしても、宇宙誕生のきっかけとなるその膨大なエネルギーはどこから来るのかが問題なのであって、その創造のエネルギーこそがきっと創造主なのだろう。それははじめから、ホーキング博士の言う人類には知ることができない法則の外側にあり、宇宙をも包括する世界の叡智として働いている。

宇宙が膨張し、消滅し、再生するサイクルを繰り返しているとしたらそこには意図が存在する。自然のすべての働きは、なんらかの意図によって働いている。一定の法則に従った働きは意図があって成り立っていて、それは意思であると言える。ホーキングたちが考えるような無機質で機能的な働きであろうと、膨張しよう、縮小しよう、創造しようなどという有機物のような意思による働きがそこにはある。意思は法則をつくり、創造する。その意思は人間の知恵を超えた叡智であり、それこそを創造主と呼びたい。

はじめと終わりにこだわる科学者たちは単に、膨張する宇宙が消滅や破裂などの悪夢のような結果で終わることはないということを確認したいのだろうか。つまり「世界の終わり」はないということを心配しているのだろうか？

もうそのときには人類は存在していないだろうが。

自己完結した宇宙のシステムがはじめからあったとしても、生まれては滅する生命の謎や、朽ちては再生する物質や存在する生き物すべての、細部にわたる営みはいったい誰がどうやって組み立てているのだろう。最も不思議で、最も知りたいのは人間の存在だ。

人間の存在は、時空のゆがみから生まれたとか、あるいは次元が違うステージから発生したなどと言ったとしても、結局それは、我々の言う万物の創造主のようなものがつくったには違いはない。あるいはそれこそは自らに似せて人をつくったという神々の仕事なのだろうか。そういった神であれば、我々と同じようにはっきり意思を持つはずだ。

霊界を何度も体験してきたスウェーデンボルグは、霊界には時間も、空間という概念もないという。それは、ホーキング博士の言う「宇宙の外側には時間も空間の概念も無いなにも無い世界が広がっている」という言葉と重なる。この物質世界である宇宙の淵が、そういった精神世界となんのかかわりもないという証拠はない。なにもない世界というのは、我々人間が一定の基準で判断できる材料のない世界ということだろう。

この宇宙の外には、霊界のように時間も空間の概念もない世界が広がっている。私たちの住む宇宙の外側は、霊界のような未知の世界に囲まれているのだ。あるいは逆に、それこそが世界のはじまりの母体であり、我々はその世界に内包されて存在しているのだ。そうであるとすれば、宇宙は精神の世界ともつながっていて、すべての世界、精神世界と物質世界が、一つの創造主によってつくられたのだと言えるのではないか。両極にあり、矛盾しているように見えたものが、実は一つの総体として存在していた。

つまり、天界（霊界）を包括する精神世界が、物理世界である宇宙のすべてをも包括していて、創造主とはその両方の世界をつくり出した最高神なのだ。そうでなければ、天界（霊界）や宇宙が存在する大元（おおもと）が存在しないことになり、宇宙創造のエネルギーがどこから来るのか、霊界を運営する愛のエネルギーがどこから来るのかが不明のままになる。創造主は最高位の光であり、神も人間の魂もすべてがそこへつながっているのかもしれない。

物理世界と精神世界は、陰陽のマークのように混ざり合いつながって存在している。今まで人間はなんとなくそう思っていて、誰もそれをわざわざはっきりさせないでいたのだろうか。いや、それこそが東洋的考え方であり、忙しい西洋には思いもおよばない考え方だったのかもしれない。

今まで天界の神々と、宇宙の創造主が混同されていた。なぜならすべては唯一の創造主からつくられたのだから。あるいはその分身なのだから。銀河や惑星が波動のエネルギーからつくられたように、我々は同じ一つのエネルギーでありながら変化し、さまざまな表層をもって独自の存在となっている。つまり、同じものでありながらすべては仮の姿「うつせみ」であり、

「空」なのである。「空」は変化であり、常ならぬもの、そして創造主のエネルギーの一つなのだ。

そこにはもともとなにもないのだから、まさに無から有を生み出している。それこそが創造であり、創造主なのだ。

宇宙の輪廻

宇宙も地球も、水も風も、我々はすべて宇宙の一部であり、「空」であるがゆえに絶えず循環する。その循環が永遠であるのと同様に、我々の魂も永遠である。そうやって循環しながら、エネルギーや波動を介して我々人間も宇宙と、そして創造主とコミニケーションしていると言える。潮が満ちては引くように、宇宙から与えられ、私たちも宇宙に与え返す。ポジティブな「愛のエネルギー」を宇宙に送ることこそが私たち人間の使命。それは愛の交換と同じ。

宇宙は、人間が愛のエネルギーをつくり出すことを望んでいる。私たち人間は、愛を生産することに専念するべきなのだ。人間だけが強く、はっきりとした形で、多様な方法によって愛のエネルギーを生み出し、その使命を果たすことができる。宇宙は「愛のエネルギー」つまり、ポジティブなエネルギーで育っていく。それは巨大な宇宙の叡智となる。

愛は生き物の生命をはぐくむ唯一の手段。愛のある安定は、発展と同じこと。

小さな循環があれば、宇宙の大きな循環もある。

ニーチェの「永遠回帰」は、同じ人生を何度繰り返したとしても後悔しないことだという。それは同じ歴史、同じ循環、同じ円をグルグルと繰り返すことになる。しかし宇宙も繰り返し再生するならば、新しい宇宙が誕生したとしても同じ歴史を繰り返すだけでは物足りないだろう。人間は愛をつくり出すために魂が成長しなければならない、そのためには以前とは違った新しい経験を積まなければならない。人間の魂が再生して違う人生を経験するなら、宇宙が単純に前とまったく同じ歴史を繰り返しているとは言えない。

ニーチェの仮説は人間が幸福である場合に限るが、もし「永遠回帰」の通りであれば、宇宙はグルグルと同じ歴史を繰り返して、同じ場所に同じ円を描いていることになる。膨張した宇宙がいったん収縮し、またビッグバンを起こして新しい宇宙の歴史がはじまったとしても人間の歴史が、過去の宇宙とは違った歴史をたどるなら、その宇宙の輪廻と言える循環はDNAのような「らせん」の形を描いて上昇し、変化していくのではないだろうか。

遺伝子に見られるようなら、せんの形、宇宙の輪廻を図式化したとして、その形が見られるとするなら、先のホーキング博士の言う「宇宙は宇宙のどこをとっても同じようにできている」という話と合致する。しかし、宇宙の輪廻がら、せんの形をしているなら、また宇宙にははじまりがあり、その最後には終わりがあるのではないかという同じ問題にぶつかってしまう。しかしそれは、逆に宇宙に創造主がいることの証しとなるだろう。たとえ他に宇宙が複数あったとしても同じこと。

これは少しSFじみているが、そのらせんが人間のDNAに見られるように二重になっていたら。いや、二重といわずいく重にも重なっていたなら、創造主は宇宙にパラレルワールドをつくり出しているのかもしれない。そのらせんどうしが、物理学で言うゆらぎ、神の手違いでもあるかのように別のらせんとかすかにでも接触していたとするなら、宇宙から別のスペース（空間）へと乗り換えるように異次元の世界へ移動できるのかもしれない。ひょっとしたら時空間を超え、タイムトラベルまでできるようになるかもしれない。もしそうなら、私たちが子供の頃から夢見ていたSFの世界が現実になるのだろう。

「宇宙は宇宙のどこをとっても同じようにできている」

宇宙や自然の中には、神が意図して設計したような美しい必然的共時性が認められる。らせんの一番美しい形と言われる「等角らせん」は自然界に数多くみられ、銀河や台風の渦、オウムガイ、サザエなどの形や模様にも認められる。黄金分割の長方形の中に描かれる黄金らせんもそうで、浮世絵に描かれた富士山のすそ野の広がりの線は、ほぼその等角らせんの曲線で描かれているという。要するに人間にとって美しいと思え、生理的に受け入れられる曲線なのだ。

誰もが一度は、サーカスなどでグルグルと回るらせんを目にしてめまいを感じたことがあるだろう。らせんは原初的でしかも未来的で、不思議な世界へいざなう形でもある。しかも、らせんは順行では拡大と、逆行では縮小の両方を表すことができる。この素晴らしい宇宙を創造した創造主が描く細部も全体も、すべては私たち人間の想像を超え、単純で、しかもとんでもなく美しいものに違いない。

どうしても宇宙のはじまりには創造主の関与はなかったと主張したいホーキング博士たちは、地球のような球形をたどって宇宙が膨張した先、つまり北極点から南極点に到達した後は、時間は逆行するように元の北極点に戻っていくという。それはソーセージの形をとるとしても同じことになり、そうした考えを持つ科学者たちは自分たちの理論の正当性を訴えるために、冗談ではなく宇宙が膨張しきった後には時間が逆行するのだと言う。しかし、同じ歴史を逆行するとしたら、人はムーンウォークのような後ろ歩きで歩き、食べたものを吐き出し、爆発した爆弾は建物を再生しなければならない。そう言う本人も面白がって言っているのだろうが、それを証明するためには宇宙の終わりまで生きなければならないし、時間の逆行に関しても現実的に大きく無理がある。死んだ人間も生き返り、老人も赤ん坊へと戻らなければならない。そう考えるよりは、どうしてもはじめと終わりの問題を解決しようとするならば、「無限大」の記号のように宇宙のはじめと終わりをくっつけてしまった方が簡単だろう。

宇宙は膨大なエネルギーによって発生し、膨張の最後にはなにもない空間にチリや熱となってエネルギーが拡散した後、時間をかけてそれが特異点に集約され、またビッグバンを起こして宇宙が再生される。単純に考えてきっとそういった手順を踏むのではないか。宇宙のチリには地球上に雨を降らせて海をつくり出すほどの水分が含まれているという。まだまだ宇宙に人間の想像を超えた謎は多く、その宇宙のただのチリにしてももっとすごいエネルギーを秘めているかもしれないのだ。

創造主の宇宙の設計図をもし人間が見ることができるときが来るとすれば、それを見たとき、人間は必ずその美しさに胸打たれるはずだ。そのとき人間はその設計図をも神と崇めるだろう。しかしそれは、私たち人類が宇宙空間へ旅立ってはじめて地球を外側から見たときのようには簡単にはいかない。宇宙の外側になんらかの法則が見つからない限り、時間と空間の概念をもとにしては、なにも見ることはできないし、なにも正確には理解することもできない。

我々はお釈迦さまの掌で暴れている孫悟空なのだ。お釈迦様の掌はたしかに存在するが、その世界がお釈迦さまの掌の上なのだとも知ることとさえできない。しかし智慧のあるものだけが、愛のあるものだけがそれを理解することができる。感謝のもとに。

永遠に知ることができない宇宙の生命の謎を求めるより、その謎を謎として人間の未知の感性で理解するべきなのだ。

神の秘密は守られ、創造主である神は永遠に人間とはかけ離れた手の届かない高次のものとして存在し続ける。

宇宙と人間

人間は、宇宙では一人ひとりが孤独で、なにかから切り離されたように不完全な感情を持っている。そして完全を求める。完全は平和であり、安定であり、幸福である。

人は苦しい状況や、孤独で寂しい状況にいればいるほど外部のなにものかによってコントロールされやすい。あるいは、確かで間違いないと思われるものを求めるために執着を起こす。一人ひとり、それぞれがまず幸せであることが必要なのは、なにも自分勝手な論理ではない。不幸は執着を起こす。このことは人間界である社会のすべてのことに当てはまる。大きなことも小さなことも、すべてはこの基準のもとにつくられ、社会はこの事実を土台につくられている。しかし、その人間界の執着を生み出す土台こそは「空」であるということを人は知る必要がある。

私たち人間がこの地に孤独に生れ落ちているのは、なにより宇宙の創造主や、天上の神に導かれることを必要としているのではないだろうか。それを求めるがために人は迷いを起こし、間違いを起こし、その間違った心は利用される。しかし、それは真理を見失っているからだ。

人は宇宙の「愛の法則」に沿ってお互いに協力し合いながら生きることを必要としている。「神」と「創造主」と「人間」はそれぞれ強くつながっていて、人は神の一部でありながら宇宙の一部でもあり、同時に独立したものでもある。

自分を信頼し、自分を確立し、自分自身と宇宙の真理に目覚め、生命を輝かせなければならない。人は地上のそれ以外のものに導かれる必要性はどこにもない。

自分自身に返り、愛の光と一体化する。

この世の幸せは、天上の世界の幸せを目指すことなしには実現できない。精神は時間も空間もない世界につながっている。人は人間のもとの成功ではなく、神のもとの成功を目指すべきなのだ。

天界と同じように、人類の魂が高みに昇ることを成就すれば、最後にはこの宇宙もなくなり、すべてが天界へと移行するかもしれない。

人間には天界や宇宙が、創造主が、ただ静かに存在しているように見えるのかもしれない。なぜなら、それは愛そのものでできているのであって、愛以外のなにものでもないのだから。愛は、静かで、穏やかで、満ち足りて見えるはずなのだ。

人間には意識があり、最近では科学的にみても地球（ガイア）にも意識があるのではないかという。であれば、宇宙にも意識はあるのだろう。神々と創造主としての意識が。

人がその意識と共にあることを考えれば愛に満たされるのではないだろうか。その意識に従って逆らわず、素直に生きれば、人類は満たされるはず。

意識という存在は、理解であり、愛であり、加護であり、安らぎである。

私たちは宇宙の一部であり、宇宙と共にある運命共同体であり、宇宙がなければ人類もない。

私たち人間は、地上世界で多くを学び、喜びを経験し、愛のエネルギーを創造する。

そのポジティブなエネルギーを宇宙に送り届け、宇宙という生命の存続と発展を手助けすることこそが、人間が宇宙に存在する理由であり、人間の使命でもあるのだ。

それがこの世の「幸せ」というものの正体である。

天界

私たちは、死んだ後の世界を精神世界だと認識している。私たちにはその死後の世界は見ることができない。中には人間は死後、消えてなくなってしまうと考える人たちもいる。見て確認することができない世界、精神世界とは果たして「無」の世界なのだろうか。

物質世界から見れば「無」かもしれないが、それはれっきとして存在している。むしろ精神世界の方が神のもとにあり、本当の世界であり、逆にこの物質世界は「空」であると言える。人間の顕在意識が、潜在意識によって知らずと誘導されているのと同じように、この世界は精神世界のもとにあるのだ。

天界には意識の集合体があるという。我々の魂もその意識の集合体の一部である。その意識の集合体は、集合体であると同時に、一つひとつが意思を持っている。その意識というのも、分裂したり統合したりを繰り返すという。そうやって、情報や経験をお互いに交換し続けて地上でホモ・サピエンスが進化してきた過程と同じように、それぞれの魂の学びを共有することによって、集合体として全体が進化する。

その意識の集合体である天界は、我々の魂の故郷であり、マザーシップのような心と魂のよりどころである。魂がそこへ帰った時、恥ずかしくないようにこの世でも行動するべきだ。そして、地上で学んだ「徳」という愛をお土産に持って帰る。お土産は多ければ多い方がいい。それをみんなで共有する。

「空」とは、死んだ後に後悔するようなことを「空」と言う。なぜあんなことにこだわっていたのか。恥ずかしいようなどうでもいいようなこと、考えてみればくだらないこと、愚かなこと。そういったものごとに人は皆、今、囚われている。

怪物と戦う者は、自分もそのため怪物とならないように用心するがよい。そして、君が長く深淵を覗(のぞ)き込むならば、深淵もまた君を覗き込む。

——『善悪の彼岸』(ニーチェ著/木場深定訳)

怪物とはこの世の暗黒面であり、それは魂を誘惑すると同時に、奈落の底へ落ちないように人の魂に警告する。

映画『ウォール街』のラストで、成功に燃える若手証券マンであるチャーリー・シーン演じる主人公が大金を手に入れ、意気揚々と会社へ出社してくる。昇格して与えられたばかりの専用の部屋では、FBIがインサイダー取引の罪で彼を逮捕するために待ち構えていることも知らずに。彼がその部屋に向かおうとしたとき、長年その会社に勤めている上司が彼の肩を抱いて引き止め、耳もとでこっそり助言する。

「底なしの縁を覗き込んで、なにも見えないとき、人間は自分の本当の姿を見る。——それで淵に堕ちないですむのだ」

それを聞いた主人公は、「わかる気がする」と答えるが、本当はなにもわかっていない。誰もがその立場に立たされなければ、罪の重さや苦しみに立ち向かわなければ本当のことは理解できない。後で後悔しても現実は変えられない。彼の場合本当の地獄は、罪を償うチャンスがなかったときにこそ起こる。現実と向き合う機会を永遠に失うからだ。

地獄の淵に堕ちてしまうよりも、淵を覗き込んで自分自身の現実を知った方がまだまし。この世は深淵だ。自分が何者であるかを覗き込む鏡だ。深淵は開かれている。

ある男は旅に出た。世界の真実に触れ、自分自身を発見し、人生を見直すために。

男はあらゆる国を回り、地の果てとも思われる地域にたどり着き、さらにそこから朽ちかけたバスに乗ってとある砂漠の小さな町に到着した。男は翌日、部族のガイド二人とラクダ三頭にそれぞれ乗って砂漠の旅へと繰り出していった。

三人は広々とした干からびた大地を通り抜けていく。ラクダには予備の水をいくつも携帯させていたが、灼熱の中、水にはほとんど手をつけずに男が平気な顔をしていたり、途中で立ち寄った井戸のつるべをつかんで器用に水を汲んだり、食べ終わった食器を彼らのしきたり通り砂漠の砂できれいに洗ったりする姿を見て、はじめは男を敵視していたガイド二人も次第に感心した目で見るようになった。

男がガイドたちと一緒に砂漠の真ん中で食事を終えたとき、ふと背後に気配を感じ、振り返るとそこには、どこからともなく現れた少年が立って笑っていたり、銃を背負った砂漠の民が砂けむりを上げてラクダを駆って向かって来たりするのを、男は砂漠の幻影でも見ているかのように眺めていた。

夕方、三人はとうとう目的地である広大な砂漠にたどり着き、絨毯を敷いただけの寝床を男たちが準備し終えると、月明かりに照らされた絹のような砂が砂漠地帯に永遠に続いているのを見た。空には満天の星が広がり、魂が吸い込まれるような魅力にあふれている。

男は絨毯の寝床にあお向けになって寝て、降るようにきらめく星々を眺めていた。この星の輝きは何百年、あるいは何万年かかって男のもとに届いているのだろう。不思議なことに天空の夜空とこの地上とで、別次元の時間と空間が今この瞬間に同時に存在しているのだ。

男が振り返ると、ガイドたちはすでに疲れて寝静まっている。ふと独りきりになった寂しさに気づいた男は、なぜかじっとしていられなくなりそっと寝床を離れた。そして素足のまま砂漠を西へ西へと歩みはじめた。まるでなにかに導かれるようにして月明かりを頼りに歩みを進めた。

しばらくして男は歩いてきた方向を振り返ると、すでにそこは真っ暗闇で、人影もラクダの姿さえも確認することができなくなっている。凍ったような静寂と暗闇の中、男はただ一人。誰一人男を気にとめることもなく、たとえ叫んだとしても声はどこにも届かない。

男はこの世に独りきりとなり、世界の終わりにポツンと取り残されたような気がした。しかし今は思い切りこの孤独を味わおうと、一人砂漠の丘隆の上にうつ伏せになった。

暗闇の先には月が輝き、星々が瞬いていた。

ここは地の果て、世界の淵までたどり着いたのだ。

男はなにも考えず、月明かりの中、その美しい景色を眺めていた。

もしこの先の砂漠へ歩みを進めたらどうなるのだろう。ここから先は未知の世界が広がっている。孤独、そして孤独しかない。時間も空間も失い、永遠に孤独が続くだろう世界。

男は突然不安に襲われた。理由のない不安は、すぐに恐怖へと変わっていった。

深い闇。――まるで宇宙だと男は思った。

宇宙にたった一人。何百年、何万年前の空間に、たった独りで取り残されている。

いったい自分はうっかりどこまできてしまったのだろう。もとに戻ることはできるのだろうか。今日起こったことも、今まであったことも、すべて幻だったのだろうか。

この人生で自分がしてしまった失敗も、努力も、成功も、苦しみも、怒りも、悲しみも、なにもかもすべてが無駄だったのだろうか。

いや、新しくはじめるのだ。新しく生きるのだ。男は暗闇の中にはっきりとなにかを見た気がした。自分自身を。本当の自分を。自分を取り巻く世界の真実を。

まだやり残したことがある。いや、やりたいことが山ほどある。

男は勢いよく立ち上がると、わき目も振らずにもときた道を戻りはじめた。

自分は生きている。そして天の導きである星をガイドに歩き出すのだ。

根拠のない勇気とやる気が男には湧き上がってきた。同時に生きる喜びが沸き上がってきた。

自分は本当の自分をいま、発見したばかりなのだ。

本当の自分を生きなければならない。今からでもまだ間に合う。やり直せる。

昼間の灼熱地獄とは打って変わって、砂漠は静かで涼やかだった。男は天空を眺めながら、あらかじめ覚えておいた星の位置を頼りにもときた道のりを戻っていった。

裸足の足に砂を踏む感触が伝わった。冷気が頬をなでた。

砂漠という世界の淵で宇宙の秘密を自分だけが見てきた気がしていた。神の秘密を、そして自分自身の秘密を。

そうやって無事に寝床にたどり着くと、ガイド二人と三頭のラクダは我れ関せずと静かにスヤスヤと眠っていた。


一人ひとりが自分自身を取り戻し、魂の喜びによって愛のエネルギーを生成し、愛で宇宙を包むことができるなら、世界を変えることくらいできるはず。そしてそれは世界を変えるどころか、神々のいる天上界まで美しく変えるだろう。

私たちはこの大切な時期にこの世界に誕生したことを幸運に思わなければならない。

「地上を天上の世界と一つにする」

それが人間の目標であって欲しいと思う。

《参考文献》

『世界の名著46ニーチェ』手塚富雄編（中央公論社）
『善悪の彼岸』ニーチェ著　木場深定訳（岩波書店）
『世界の名著43マルクス エンゲルスⅠ』鈴木鴻一郎編（中央公論社）
『日本の文学12夏目漱石（一）』夏目漱石著（中央公論社）
『世界の名著4老子 荘子』小川環樹編（中央公論社）
『ホーキング、宇宙を語る――ビッグバンからブラックホールまで』スティーヴン・W・ホーキング著　林一訳（早川書房）
『世界の名著12聖書』前田護郎編（中央公論社）
『愛するということ　新訳版』エーリッヒ・フロム著　鈴木晶訳（紀伊國屋書店）
『ブッダのことば　スッタニパータ』中村元訳（岩波書店）
『ブッダの真理のことば　感興のことば』中村元訳（岩波書店）
『仏弟子の告白　テーラガーター』中村元訳（岩波書店）
『ふしぎなキリスト教』橋爪大三郎、大澤真幸著（講談社）
『武士道』新渡戸稲造著　岬龍一郎訳（ＰＨＰ研究所）
『葉隠入門』三島由紀夫著（新潮社）
『ハーバードの日本人論』佐藤智恵著（中央公論新社）

『完全版　眠れる預言者　エドガー・ケイシー』光田秀著（総合法令出版）
『ナポレオン言行録』オクターヴ・オブリ編　大塚幸男訳（岩波書店）
『絶望名人カフカの人生論』カフカ著　頭木弘樹編訳（新潮社）
『ファンタジー神話と現代』ミヒャエル・エンデ著　樋口純明編（人智学出版社）
『ヒッチコック映画術』フランソワ・トリュフォー著　山田宏一、蓮實重彦訳（晶文社）
『スウェーデンボルグの霊界日記――死後の世界の詳細報告書』エマヌエル・スウェーデンボルグ著　高橋和夫訳編（たま出版）
『エマニュエル・スウェデンボルグの霊界マンガ版』エマニュエル・スウェデンボルグ著　今村光一監修（中央アート出版社）
『アレクサンドロス大王東征記　付インド誌　上』アッリアノス著　大牟田章訳（岩波書店）
『マルクス・アウレリウス「自省録」　100分de名著2019年4月号』（NHK出版）
『―― Bureau of International Information Programs „Principles of Democracy』より、国務省翻訳（https://americancenterjapan.com/aboutusa/translations/3077/）

〈著者プロフィール〉

藤田 真嘉（ふじた　まさひろ）

大学芸術学科卒業。CM 制作会社、広告代理店をへて、映画監督に依頼されテレビドラマの脚本を手掛ける。以後脚本家へ転向。世界平和と日本文化の発展に貢献することを意識しながら創作を心がける。世界共通の言語といわれる〝音楽〟のような映画づくりを目指し、禅のような宇宙観を大切にした。幸運にも数人の国際的な映画監督と縁を得て、海外の映画祭で作品が受賞。世界における日本のポップカルチャーや食のブームなどの一端を担う。

日本で知り合ったアメリカ人の主催するスピリチュアル・ツアーでハワイに行き、主催者の友人であるチャネラーが偶然アメリカから来ていたので霊視を誘われる。帰国後しばらくして、そのチャネリングで予告のあった体験をする。ツアー後、一人でハワイのドルフィンスイムの第一人者のお宅に数日泊めてもらい、サメを見ると幸せになると言われているキャプテンクック湾で水中を泳ぐサメの姿を目にし、イルカたちと不思議な体験をする。

アジアを中心にアメリカ、フランスなど 10 カ国ほどを旅し、インドでは仏陀の生誕地など聖地を主に巡る。日本では偶然アメリカのラム・ダスやダライ・ラマの説法を聞く機会を得、その他国内外のスピリチュアルリーダーと会う機会を得る。

2020 年のアメリカ大統領選の頃、国際的にネットでの交流が盛んになったため、SNS を通じてネイティブ・アメリカンやアメリカの俳優、歌手、政治家、平和活動家などを含めた著名人からシンクロニシティや魂の交流を感じ、次第に政治や経済なども含めた世界観に目覚めていく。そんな中、過去のハワイでのチャネリング内容が鮮やかによみがえり、生まれてから現在までの体験すべてが火花を散らすようにつながって、本格的に再び瞑想をはじめる。数々のインスピレーションを得て、2020 年頃から書き留めたメモを 1 年かけてまとめ、その後訂正を加えたものが本書である。

神の秘密

2023年３月28日　初版第１刷発行

著　者　藤田 真嘉
発行者　韮澤 潤一郎
発行所　株式会社 たま出版
〒160-0004　東京都新宿区四谷4－28－20
☎ 03-5369-3051（代表）
FAX 03-5369-3052
http://tamabook.com
振替　00130-5-94804
組　版　マーリンクレイン
印刷所　株式会社エーヴィスシステムズ

ISBN978-4-8127-0457-8　C0011